깊은기도로 마음 안에 숨겨둔 주님의 보물 찾아낼 분의 책

깊은기도로
마음안에서
보물찾는법

강요셉지음

"천국은 마치 밭에 감추인 보화와 같으니 사람이 이를 발견한 후 숨겨 두고 기뻐하여 돌아가서 자기의 소유를 다 팔아 그 밭을 샀느니라."(마 13:44).

성령

깊은기도로
마음 안에서
보물 찾는 법.

성령

들어가는 말

왜 깊은 기도로 마음 안에 들어가 보물을 찾아야 할까요? 어느 날 하늘나라에서 삼위일체 하나님께서 깊은 생각 고민을 하셨습니다. 삼위일체 하나님이 보기에 인간들의 행태가 심상치 않았기 때문입니다. 창조주인 삼위일체 하나님을 떠나서 살아갈 수가 있다고 생각했기 때문입니다. 삼위일체 하나님은 자신의 형상대로 만들어 낸 인간은 감히 신이신 하나님께 범접할 수 없는 피조물이지만 그들에게는 하나님께서 부여한 비상하고 놀라운 두뇌가 있었습니다. 그들의 두뇌의 그 능력은 점점 진화하고 똑똑해지고 강해져서 어느새 삼위일체 하나님의 능력을 위협할 정도로 커져버렸습니다. 아담과 하와 같이 하나님을 떠나서 독립하며 살려고 하는 교만한 마음이 생길 수 있기 때문입니다.

이제 삼위일체 하나님과 인간의 사이를 가르는 가장 큰 능력 하나가 인간의 손에 들어간다면 인간들은 삼위일체 하나님의 지배를 떠나 스스로 삼위일체 하나님처럼 무소불위의 힘을 발휘하게 될 것이라는 근심을 하게 되었다는 것입니다. 그래서 삼위일체 하나님은 그것을 인간들이 찾지 못하도록 안전한 곳에 숨겨 놓아야 했습니다. 아무리 높은 하늘이라도 깊은 바다라도 인간들은 놀라운 두뇌는 수단과 방법을 가리지 않고 그것을 찾아낼 것이라고 확신했습니다. 삼위일체 하나님은 회심의 미소를 지으며 불안감이 사라졌습니다. 어떤 인간도 삼위일체 하나님을 주인으로 모시지 않고, 성령의 인도를 받지 않고는 인간 스스로 그곳을 찾아내지 못할 거라는 확신이 들었기 때문입니다. 과연 그곳은 어디일까요? 삼위일체 하나님이 찾아낸 그 신비로운 장소? 그곳은 바로 인간의 마음 속이였습니다. 마음 속에 신비한 능력이 잠재 되어 있는 것입니다. 이처럼 인간의 마음속에는 무한한 잠재 능력이 존재합니다. 그러나 마음 속으로 들어가려면 삼위일체 하나님의 인도 없이는 들어갈 수가 없습니다. 왜 그렇습니까? 마음 안에는 삼위일체 하나님께서 계시기 때문입니다. 반드시 예수를 믿고 성령으로 세례를 받고 예수님의 인생을 살면서 성령의 인도를 받아야 마음 안으로 들어가 하나님께서 숨겨두신 보물을 찾을 수가 있습니다.

    이 책에는 예수를 믿고 죽고 예수님으로 다시 태어나 성령의 인도를 받으며 예수님의 인생을 사는 성도들이 자신의 마음 안에 들어가 하나님께서 숨겨두신 보물을 찾아내는 깊은 기도하는 방법이 제시되어 있습니다. 독자 여러분 깊은 기도를 숙달하여 마음 안에 보물을 찾아서 하나님의 복을 받으면서 하나님의 살아계심을 증명하며 살아가시기를 바랍니다.

주후 2025년 8월 23일
충만한 교회 성전에서
저자 강요셉목사

세부적인목차

들어가는 말 −3

1부 깊은 기도로 마음 안에 들어가면 일어나는 일

1장 깊은 기도란 무엇인가 정확하게 이해하게 되지요.-7

2장 깊은 기도는 마음은 어떤 보물이 있는 것을 알지요.-21

3장 기도해도 예수로 바뀌지 못하는 원인을 알게 되지요 -35

4장 기도의 대상을 바르게 알고 바르게 기도하게 되지요. -48

5장 자신의 기도가 어떤 기도인가 진단하여 바꾸게 되지요.-61

2부 깊은 기도로 마음 안에 보물을 찾는 기도의 준비

6장 깊은 기도로 보물을 찾으려면 이렇게 해야 하지요.-74

7장 깊은 기도로 보물을 찾으려면 이것을 정리해야 하지요.-89

8장 깊은 기도로 보물을 찾으려면 이들을 처리해야 하지요-103

9장 깊은 기도하는 습관을 만드는 비결을 터득해야지요-117

3부 마음 안으로 들어가 보물 찾는 기도 숙달하기

10장 성령으로 기도하며 마음 안에 보물 찾는 법-132

11장 영의 통로를 뚫는 깊은 기도하며 보물을 찾는 법-142

12장 마음으로 깊은 기도하며 마음 안에 보물 찾는 법-159

13장 호흡으로 깊은 기도하며 마음 안에 보물 찾는 법-174

14장 깊은 기도 3단계로 마음 안에서 보물 찾는 법-181

15장 명상하며 깊은 기도로 마음 안에 보물 찾는 법-194

16장 찬송으로 깊은 기도하며 마음 안에 보물 찾는 법-202

17장 방언기도로 깊은 기도하며 마음 안에 보물 찾는 법 -211

18장 깊은 기도로 마음 안에서 보물을 찾는 기도 총정리 -223

부록: 출판된 강요셉 목사 저서 안내 -235

1부 깊은 기도로 마음 안에 들어가면 일어나는 일

1장 깊은 기도란 무엇인가 정확하게 깨닫고 기도하게 되지요.

　성령 안에서 깊은 기도하며 마음 안으로 들어가야 하는 이유는 하나님께서 마음 안에 계시기 때문입니다. 하나님께서 사람의 마음 안에 권능과 지혜와 보물을 숨겨두셨기 때문입니다. 하나님께서 사람의 마음 안에 숨겨두신 권능과 지혜와 보물은 반드시 예수님을 믿고 죽고 다시 사신 예수님으로 태어나 성령의 인도를 받으면서 예수님의 인생을 살면서 성령으로 세례를 받고 성령의 이끌림을 받아야 찾을 수가 있습니다. 사람의 자의적인 노력이나 열심으로 마음 안에 들어갈 수가 없습니다.
　초자연적인 5차원의 성령의 인도로 마음 안에 들어가야 마음 안에 계신 하나님으로부터 신비한 권능과 지혜를 받아서 살아갈 수가 있습니다. 마음 안에 계신 하나님으로부터 귀신을 쫓아내는 권능과 삶의 지혜를 받으려면 머리에서 생각에서 나오는 소리로 하지 말고 성령의 인도를 받으면서 마음에서 나오는 소리로 해야 합니다. 필자는 기도를 머리로 생각으로 하지 말고 아랫배로 기도하라고 합니다. 생각으로 기도하지 말고 마음으로 기도하라고 합니다. 기도는 인간적인 욕심으로 하지 말고 즐기려고 해야 합니다.

기도는 육체의 노동이 아니고 성령으로 하는 영적인 운동이어야 합니다. 기도를 즐겨야 합니다. 기도를 편하게 하십시오. 깊이 성령으로 마음으로 기도하려고 하십시오. 기도는 영적인 상태로 깊어야 합니다. 깊어야 기도다운 기도를 드릴 수 있으며, 깊어야 하나님의 맑은 은혜가 임하고 마음속의 보물을 찾을 수가 있습니다. 우물이 깊어야 물맛이 좋으며 깊어야 여름에 가뭄이 와도 물이 마르지 않습니다. 깊어야 여름에 시원하고 겨울에 차갑지 않습니다. 6,70년대는 조금만 파면 생수가 올라왔습니다. 그러나 지금은 오염이 심해서 깊이 파야 생수가 올라옵니다. 사람의 마음도 마찬가지입니다. 크리스천들이 세상 살기가 복잡하여 누구나 잠재의식에 강한 스트레스가 쌓여 있습니다. 성령의 깊은 은혜가 심령에서 올라와야 잠재의식이 정화되고 성령으로 충만하여 성령의 지배를 받을 수가 있습니다.

　우리 내면에 새로운 세계가 존재합니다. 인간의 내면은 신비의 세계입니다. 내 안에 존재하지만 들어가지 않으면 전혀 알 수 없고 느낄 수 없는 세계입니다. 내 안의 세계는 예수님을 믿고 예수님으로 죽고 다시 사신 예수님으로 다시 태어나 성령의 지배와 인도를 받으면서 예수님의 인생을 사는 성도가 성령으로 마음의 세계를 깨달을 수가 있습니다. 오직 성령으로 깊은 기도를 통해서 성령의 인도함으로 마음을 들여다 볼 수가 있습니다. 자신 안에 있는 내면의 세계로 들어가면 육체로나 정신의 세계에서 전혀 느끼거나 체험하지 못한 새로운 영적인 부분에 접근 할 수 있습니다. 기도는 하나님의 눈으로 자신의 마음을 들여다보는 것입니다. 기도는 영이요 생명이신 하나님과 사귀는 것입니다. 하나님과 가까이 하는 것입니다. 하나님과 함께 시간을 보내는 행위입니다. 하나님과 사랑을 나누는 시간입니다. 하나님께 사랑을 고백하고 감사하는 시간입니다. 우리의 삶에서 가장 깨어있는 시간, 하나님의 소리를 듣는 시간입니다. 자신의 영적-정신적-육체를 치료하는 시간입니다. 기도는 지친 영적-정신적-육체가 쉬는 시간입니다. 깊은 기도는 자신의 면역력을 높이는 시간입니다.

그렇기 때문에 반드시 성령 안에서 깊은 기도 해야 합니다. 기도의 대상인 하나님께서 영이시기 때문입니다. 기도는 머리로 생각으로 목으로 말로 하지 말고 성령의 인도를 받으면서 마음에서 나오는 소리로 해야 합니다. 기도를 하지만 깊은 기도에 이르지 못하고 기도를 통해서 마음 안 깊이 들어가 보지 못하면 기도를 아무리 오래 드렸다고 해도 초보자이며 영육의 변화가 없습니다. 하나님과 관계도 열리지 않습니다. 기도 자체가 신비이며 기도는 우리 내면의 신비의 세계로 들어가는 영의 입구입니다. 그래서 기도는 반드시 성령으로 해야 합니다.

저의 **유튜브(치료말씀TV)** 설교를 들으시고 깊은 기도를 해보겠다고 주여! 주여! 하면서 기도하다가 보면 졸리고 하품이 나온다고 하시는 분들이 계십니다. 이는 성령세례를 받지 않고 내적치유를 받지 않아서 영의 통로가 막혀서 일어나는 현상입니다. 자신 안에 상처와 귀신이 있다는 증거입니다. 이러한 현상을 치유하려면 성령으로 세례를 받고 내적치유를 하여 영의 통로를 뚫어야 합니다.

첫째, 기도는 마음 안에 하나님을 찾는 것이다. 기도는 자신 안에 주인으로 계시는 하나님을 찾아서 하나님의 나라가 되게 하는 것이 성령으로 하는 깊은 기도입니다. 목마른 사슴이 시냇물을 찾아 헤매듯이 우리의 영이 영이신 하나님을 간절히 찾는 것입니다. 하나님의 속성은 찾아야 응답하시는 하나님이십니다. 이유는 보이지 않지만 자신의 주인으로 계신다는 거듭난 사람만이 하나님을 찾기 때문입니다. 우리 안에 주인으로 계시지만 찾지 않으면 나타나시지 않습니다. 우리가 세상의 향락과 세상의 부와 세상의 명예를 찾는 것보다 영이신 하나님을 찾아야 합니다. 그래야 우리의 전인격이 에덴동산의 영성으로 살아납니다. 영이신 하나님은 기도로 찾아서 만나는 것입니다. 하나님은 찾아야 만나주십니다. 우리가 기도하면서 하나님을 만나고 그분과 깊은 영적 관계를 맺어야 합니다. 성령으로 기도하면서 성령의 지배 가운데 들어가 마음 안에서 하나님께서 나의 아버지이심을 깊이 느끼고 하나님께서 진정으로 나를 사랑하신다는 것을 확신해야 합니다. 그래야 우리의 마음을 삼위일체 하나님께서 점령하심으로 신적인 5차원의 초자연적인 힘을 얻습니다.

그리고 기도는 신이신 하나님 앞에서 우리가 5차원의 초자연적인 하나님의 자녀로 변화하는 것입니다. 우리가 올바른 기도를 드리면 신이신 하나님께서 우리의 전인격을 지배하시며 하나님의 자녀답게 바꾸어 주십니다. 우리의 생각이 하나님의 생각으로 바뀌게 됩니다. 우리의 마음이 삼위일체 하나님의 마음으로 바뀝니다. 그리고 우리의 행동이 바뀝니다. 하나님의 영성과 생각과 지혜로 바뀝니다. 그러면 우리의 영성이 올바른 기능을 할 수 있습니다.

우리는 지금 신이신 하나님 앞에 서 있습니다. 그분이 우리 인간과 달리 신이시라는 점을 잊지 마시기를 바랍니다. 하나님께서 신이시기 때문에 기도하는 우리가 삼위일체 하나님과 같은 신적인 상태가 되어야 합니다. 신적인 상태가 되려면 반드시 예수님을 믿고 예수님으로 죽고 다시 사신 예수님으로 다시 태어나 성령의 지배와 인도를 받으면서 예수님의 인생을 살면서 성령으로 세례받고 성령으로 충만한 상태가 되어야 합니다. 성경에는 성령으로 기도하라고 하셨습니다(유1:20). 머리로 생각으로 기도하지 말고 성령으로 기도하는 성도가 되시기를 바랍니다. 그리고 늘 기도하면서 영이신 하나님께 나아가시고, 그분을 깊이 만나시고, 그분께서 원하시는 삶으로 변화해 가시기를 바랍니다. 그러면 우리는 저 옛날 에녹이 그랬던 것처럼 신이신 하나님과 동행하는 삶을 살 수 있게 될 것입니다.

신이신 하나님은 우리가 기도를 통해서 만나고 대면할 수 있습니다. 더욱더 쉽게 설명해 보면 영을 지닌 존재인 인간이 자신 안에 주인으로 계시는 신이신 하나님과 만나서 관계를 맺으면서 삼위일체 하나님과 같은 영성을 키워가게 되고 하나님과 같은 신적인 존재로 살아가게 된다는 것입니다.

그래서 이 하나님과 같은 영성이 훈련을 통해 올바로 성숙해 진 사람들은 하나님과 나 그리고 이웃 사이의 올바른 관계를 정립하게 되고, 하나님의 사랑에 참여하게 되고, 이웃과 세상에 향해 사랑과 정의를 실천하며 살 수 있게 됩니다. 이렇게 볼 때 영성은 신이신 하나님과의 지속적인 만남을 통해서 하나님의 자녀로 살아가는 사람들의 삶의 기질이라고 할 수 있습니다. 실제로 많은 성도가 이 영성이 왜곡되어 있습니다. 이 영성이 병들어 있습니다. 그래서 하나님의 자녀이면서도 향기가 나지 않고, 하나님의 영광을 드러내지 못합니다. 우리의 영성을 잘 훈련해서 올바른 영성으로 키워가야 하겠습니다. 이를 위해 가장 중요한 일은 바로 기도입니다. 기도를 성령으로 해야 올바른 영성이 자라게 됩니다.

둘째, 기도는 하나님의 뜻을 알아내는 것이다. 하나님은 신이십니다. 성령으로 기도하여 하나님과 같은 신적인 상태에서 하나님의 뜻을 알게 합니다. 우리가 하나님의 뜻을 알지 못할 때, 이런 상황에서 성령 안에서 기도는 하나님의 뜻을 분별할 수 있는 중요한 수단이 됩니다. 하나님의 뜻을 분별하는 것은 지속적인 기도를 통하여 옵니다. 이런 기도는 성령님께서 우리가 간구하는 내용의 변화를 불러오게 하실 수 있는 지혜를 제공합니다. 이런 종류의 지속적인 기도를 하는 동안 성령님께서 우리 생각에 빛을 비춰 주심으로 우리 마음의 소원을 재조정하실 수 있습니다. 마음과 생각의 변환은 하나님의 뜻에 따른 기도로 이어지게 합니다.

하나님의 응답이 바로 오지 않을 때, 지속적인 기도는 하나님과의 친밀한 대화나, 또는 하나님의 침묵과의 대화라는 형태로 나타나게 됩니다. 더 강한 용어로 말하자면 이런 기도는 하나님의 방식을 알고 하나님의 계획을 확인하기 위한 씨름이라고 묘사할 수 있습니다. 이 씨름으로 인해 하나님의 목적이 확실해질 때, 하나님이 어떤 분인지를 더 잘 알게 되는 체험과 함께 우리가 주인으로 모시는 하나님과의 더 깊은 관계를 갖고 나오게 됩니다. 이것이 우리 삶에 나타나는 지속적인 기도의 승리를 특징짓게 됩니다.

기도란 한마디로 말하면 하나님의 뜻을 이루기 위하여 부름 받는 자의 자의적 동참이라고 할 수 있습니다. 따라서 기도의 목적은 자신의 계획과 뜻을 이루기 위한 것이 아니고 하나님의 뜻과 계획하심을 알기 위해 그의 인도하심을 바라는 나의 소망인 것입니다. 따라서 올바른 기도란 하나님의 뜻과 목적과 그의 소망을 따라 시작되어야 합니다. 반드시 성령 하나님의 인도를 받는 기도를 해야 합니다. 우리가 예수를 믿을 때 하나님께서는 우리의 마음속에 자신의 법을 심어 두셨습니다. 따라서 기도는 사실 하나님으로부터 시작되어 그것이 우리 마음에 와 닿아서 우리가 우리의 마음이 성령의 감동을 받아서 우리의 생각을 하나님께 토할 때 그 문이 열려서 하나님께서는 자신이 하고자 하신 일이 무엇인가를 우리로 알게 하시고 그것을 깨달은 우리는 다시 그에게 그대로 이루어지기를 바라는 소망의 동의를 올림으로서 이루어지는 것입니다. 그러므로 "무엇을 구하든지 다 받게 하려 하심"이라고 하신 것입니다.

따라서 기도는 하나님의 뜻을 이루는 문을 여는 통로로서 우리가 드린 기도 중에 이루어진 것은 그의 뜻 가운데 그 분이 성취하고자 한 일들인 것입니다. 한나의 기도를 예를 들어 봅시다. 우리는 한나가 남편 의 첩 브닌나의 충동으로 하여 원통하여 눈물로 간구하였기 때문에 들어 주셨다고 생각하기 쉽습니다. 그러나 그렇지 않습니다. 그 당시 시대적 배경 속에서 이스라엘을 이끌고 가는 지도자 엘리 제사장이 그의 자식들로 인하여 심히 부패하여졌습니다. 그래서 하나님은 그를 폐하고 다른 지도자를 계획하셨습니다. 하나님께서는 자신의 일생을 온전히 하나님께 드릴 제사장을 필요로 하셨습니다. 그때 한나가 하나님 앞에 드릴 한 아들을 달라고 기도했던 것입니다. 물론 한나는 수십 년 동안 자식을 달라고 기도하였습니다. 그러나 그녀는 처음부터 하나님의 뜻대로 할 아들을 달라고 기도한 것은 아닙니다. 자신의 원통함을 풀 아들을 달라고 했던 것이지요. 그러던 어느 날 한나가 아픔을 참지 못하고 하나님의 뜻대로 바칠 아들을 달라고 기도한 것입니다. 한나의 기도가 하나님의 뜻에 합하자 응답하신 것입니다. 이처럼 우리의 아품의 환경과 그로 인한 기도는 하나님의 뜻을 알기 위한 통로입니다. 야고보는 너희가 얻지 못함은 구하지 않기 때문이고 하였습니다. 또 그는 너희가 구하여도 얻지 못함은 너희의 정욕으로 쓰려고 잘못 구하기 때문이라 하였습니다. 기도는 자신에게 하나님의 뜻(길)을 알게 하는 수단입니다.

셋째, 기도는 무조건 오래 많이 하는 것이 아니다. 기도는 어디서, 어떤 자세로, 어느 장소에서, 몇 시간이나, 어떤 기도 제목으로 기도를 드리는가가 관점이 된 것이 한국 교회의 기도의 모습입니다. 먼저 우리는 기도의 고정관념을 제거해야 합니다. 우리에게 기도에 대한 잘못된 고장 난 관념은 우리를 고장 나게 합니다. 기도를 많이 해야 하나님이 기뻐하시고 응답해 주신다는 고장 난 관념이 무조건 빌기만 하면 된다는 공식을 낳게 됩니다. 지성이면 감천이라는 무속적인 관념이 우리에게 깊이 심겨져 있어서 내가 무엇을 구하느냐 보다 하나님이 내게 무엇을 주시기를 원하느냐 보다는 조건 빌기만 하면 될 것이라는 생각으로 빌지만 응답이 되지 않습니다. 이유는 삼위일체 하나님과 상관이 없는 인간적인 기도이기 때문입니다. 삼위일체 하나님은 신이시기 때문입니다.

기도는 양보다 질이 중요합니다. 우리는 기도가 무엇인가에 대해 알기 위해서 성경에 말씀하시는 2사람의 기도를 살펴보겠습니다. 바리새인이 기도하려 성전에 들어가서 성전 중앙에 서서 하늘을 향하여 두 팔을 벌리고 얼굴을 하늘로 행하고 목청을 가다듬고

폼을 잡고 기도하기 시작합니다. 그러나 그 기도는 하나님께서 외면하시는 기도입니다. 혼자 떠들다가 속 풀이 하듯이 실컷 혼자서 넋두리하듯이 떠들다가 돌아갑니다. 자기는 기도를 열심히 했다고 생각하고, 주변에서 그를 본 사람들도 그가 기도했다는 것을 인정합니다. 그러나 정작 그의 기도를 들으시고 기도를 응답해 주셔야 할 하나님은 들으실 수가 없어서 응답을 할 수가 없다는 것입니다. 우리는 기도를 할 때 자신이 기도했다는 안도감, 기도를 하면서 살아가고 있다는 인정을 받기 위해 기도하는 경우가 많습니다. 그리고 자신이 그렇게 신이신 하나님과 상관이 없는 기도를 하고 있다는 것을 자신조차도 모르고 습관화가 된 경우가 많습니다.

또 한 사람의 기도를 살펴보겠습니다. 그는 세리입니다. 세리는 당시 인간 이하의 대접을 받는 직업인입니다. 그는 성전에 들어가서 자신의 모습을 사람들에게 감추기 위해 성전 구석으로 가서 고개를 구부리고 하나님 내가 죄인입니다. 세리로 살면서 남들에게 못할 짓을 하면서 살아가는 죄인이 하나님 앞에 왔습니다. 나를 받아주시옵소서! 나를 불쌍히 여겨주십시오. 하며 고개를 떨어뜨리고 마음으로 통회 자복하며 하나님 앞으로 하나님의 긍휼을 바라며 나아갑니다. 어느 누구에게도 그 사람의 기도 소리는 들리지 않습니다. 그러나 신이신 하나님은 들으십니다. 하나님은 인간이 들을 수 없는 소리를 들으시는 분입니다. 반대로 인간이 머리로 만들어 내는 거룩한 목소리에는 외면하시는 분입니다. 5분 기도를 하더라도 하나님의 보좌가 연결되는 깊은 기도가 되어야 합니다. 깊은 기도는 성령으로 하는 기도입니다.

 기도를 많이 한다고 잘하는 것은 아니며 기도 많이 하는 것을 자랑하지 말아야 합니다. 바리새인처럼 인간적인 기도를 많이 하거나 기도에 열심 있는 사람은 하나님의 나라에서는 찾아 볼 수 없습니다. 그들의 기도의 열심에는 따라가지 못합니다. 그들은 한 주에 하루를 금식하며 기도하고 하루 세 차례씩 시간을 정해 놓고 기도를 합니다. 무슨 일이 있어도 기도를 **빼**지 않고 살아가는 사람들입니다. 그러나 그들이 보여주는 행동은 전혀 다른 모습을 보여 줍니다. 성령으로 거듭난 예수님의 인격이 나타나지 않습니다. 결국 예수님의 사역에 가장 걸림돌이 된 사람들이 바리새인들이었습니다. 당시 가장 기도 많이 하는 사람들이 하나님이 자신들 앞에 오셨음에도 알아보지 못했으며 방해하며 결국은 십자가에 죽이기까지 한 사람들이 그 시대에 가장 의로운 사람들이며 기도를 많이 한다는 사람들이었다는 사실을 우리는 그냥 넘어가서는 안 됩니다.

 기도는 많이 오래 드린다고 잘하는 기도라고 말할 수 없습니다. 바르지 못한 인간적인 기도는 기도에 많은 시간을 쏟지만 자신의 영성과 성품과 하나님과의 관계와 다른 사람을 대하는 태도가 변하지 않는다면 그 기도는 인간적인 기도로 바르지 못한 기도입니다. 그 사람은 기도를 많이 할수록 자신을 속이는 결과를 낳게 됩니다. 신이신 하나님과 관계가 없는 기도입니다.

 그렇게 되는 이유는 기도가 성령의 이끌림을 받지 못하고 형식과 말과 감정의 표현이 전부이기 때문이며 신이신 하나님께서 들으시고 응답하시는 기도와 관계가 없는 형식과 말과 감정의 표현으로 인간적인 기도를 하기 때문입니다. 기도에 대하여 바른 개념과 인식이 없이 그냥 기도를 많이 하면 된다는 식의 잘못된 관념에 붙들려 있기 때문입니다. 기도는 남들보다 많이 하지만 영적인 교만이 가득한 사람들을 보게 됩니다. 40일 금식기도 몇 번을 했다고 명함에 새겨 다니는 목사님도 계십니다. 많은 시간의 기도를 드리는 것이 자신의 의를 나타내어서는 안 됩니다. 기도를 많이 드린다는 이유로 그렇지 못한 사람을 정죄하고 약한 사람을 무시하는 사람을 봅니다. 기도는 많이 하는데 성품이 변화되지 못한 분들을 봅니다. 기도를 바르게 하지 않았기 때문입니다.

　지금 까지 우리는 기도에 열심을 내고 몇 시간을 기도하고 몇 명이 모여서 어떤 기도 제목으로 기도를 하느냐가 기도의 관점이 되었습니다. 이제 이 글을 읽고 바른 기도와 바르지 못하는 기도에 대한 인식이 생겼습니까? 우리는 이제 바른 기도로 나아가야 합니다. 기도를 드리되 바른 삼위일체 하나님께서 듣고 응답하시는 깊은 기도를 드려야 하나님이 그 기도를 들으시고 응답하십니다. 그리고 역사하십니다. 바른 기도는 성령의 역사로 그 사람의 성품이 변화되고 인격이 성장하며 하나님을 사랑하는 마음이 일어나게 합니다. 반드시 예수님을 믿고 예수님으로 죽고 다시 사신 예수님으로 다시 태어나 성령의 지배와 인도를 받으면서 예수님의 인생을 살면서 성령 안에서 온몸으로 기도해야 합니다. 의식을 배꼽 아래에 두고 아랫배에 힘을 주고 숨을 들이쉬고 내쉬면서 기도하고를 반복하는 것입니다. 방언으로 기도할 때도 동일합니다.

  깊은 기도는 마음 안에 계시는 성령 하나님으로부터 권능과 삶의 지혜를 받는 것입니다. 성령 하나님은 신이십니다. 신이신 하나님과 통하는 기도를 해야 합니다. 신이신 하나님과 교통이 되려면 신이신 하나님과 같은 신적인 상태가 되어야 합니다. 신이신 하나님에게 하는 기도가 되려면 자신의 머리나 생각에서 나오는 소리가 아니고 성령으로 거듭난 영의 소리로 기도를 해야 마음 안에 계신 하나님께서 들으시고 응답을 하시고 하나님께서 마음 안에 숨겨두신 귀신을 쫓아내는 권능과 삶의 문제를 해결하는 지혜를 받아내게 됩니다. 그래서 기도는 반드시 성령으로 세례를 받아 성령의 인도를 받으면서 장구한 말로 하는 것이 아니고 단순하고 짧은 말로 "하나님 사랑합니다." "하나님 감사합니다." 하나님 "어떻게 해야 합니까?" "주여!" "주여!" "할렐루야! 할렐루야!" 등 이러한 짧은 언어로 쉽게 하는 것입니다. 지속적으로 기도 소리에 집중하여 하다가 보면 성령의 역사로 하나님과 같은 신적인 상태가 되어 하나님께서 마음 안에 숨겨두신 귀신을 쫓아내는 권능과 삶의 문제를 해결하는 지혜가 떠오르게 됩니다. 기도는 장구한 말로 하나님을 설득하는 것이 아닙니다. 단순하게 주여! 주여! 하면서 하나님을 찾는 것입니다.

  이 시간 눈을 감고 하나님께 기도를 드립시다. 아버지 지금까지 저는 기도에 대한 바른 개념과 인식이 부족했음을 시인합니다. 기도를 많이 하려고만 했지 바르게 하려고 하지는 않았습니다. 하나님의 마음을 읽으며 제 성품의 변화와 하나님을 닮아가는 목적이 기도에 없었습니다. 바리새인의 기도처럼 장구한 언어로 기도의 시간과 양을 채우고 어느 선에 도달하려는 기도의 생활을 했습니다. 성령으로 기도하여 기도가 내 영혼과 마음에서 나오기 보다는 머리에서 나오는 장구한 말과 목청에서 제 감정에서 열심에서 나오는 기도를 드렸습니다. 내 머리와 생각과 말로 하였습니다.

　이제 제가 바른 기도로 방향을 잡고 가기를 원합니다. 성령 안에서 마음으로 기도하기를 원합니다. 성령으로 기도하기를 원합니다. 내가 변화되는 기도를 하기를 원합니다. 저의 전인격이 성령의 지배를 받는 기도를 하기 원합니다. 깊은 기도하면서 마음 안에 들어가 살아서 하나님의 나라 천국을 체험하기를 원합니다. 기도하면서 영적-정신적-육체의 질병이 치유되는 기도를 하기 원합니다. 기도하면서 영육의 쉼을 얻는 기도를 하기 원합니다. 기도하면서 하나님의 레마를 듣기를 원합니다. 제 성품이 변화하며 하나님을 닮아가는 자가 되기를 원합니다. 성령님! 저를 인도해 주시옵소서. 예수님의 마음을 기도를 통해서 소유하도록 인도해 주시기 바랍니다. 예수님 이름으로 기도 드렸습니다. 아멘

2장 깊은 기도하면 마음은 어떤 곳이고 보물이 있는 것을 알지요.

하나님께서 사람들의 마음 안에 보물을 숨겨두셨습니다. 마음 안에 보물은 예수님을 믿고 죽고 예수님으로 다시 태어나 성령의 지배와 장악을 받으며 예수님의 인생을 살면서 성령의 인도를 받아야 마음 안에 보물을 찾을 수가 있습니다. 하나님께서 그렇게 해야 하도록 법칙을 정하셨기 때문입니다.

필자는 성도들에게 깊은 기도를 이렇게 하라고 강조합니다. 깊은 기도는 쉬는 것이다. 깊은 기도는 지친 몸을 치료하고 상처 스트레스를 푸는 것이다. 부담을 갖지 말고 쉬러 간다. 피로를 풀러간다 하고 깊은기도에 참여하라고 합니다. 그러면 기도가 짐이 되지 않고 마음이 편안하기 때문에 성령으로 충만하게 되는 것입니다.

신이신 하나님은 성령 안에서 기도로 찾아서 만나는 것입니다. 하나님은 찾아야 만나주십니다. 우리가 기도하면서 하나님을 만나고 그분과 깊은 영적 관계를 맺어야 합니다. 성령으로 기도하면서 성령의 지배 가운데 들어가 마음 안에서 하나님께서 나의 아버지이심을 깊이 느끼고 하나님께서 진정으로 나를 사랑하신다는 것을 확신해야 합니다. 그래야 우리의 마음을 삼위일체 하나님께서 점령하심으로 신적인 5차원의 초자연적인 힘을 얻습니다.

기도는 하나님의 눈으로 자신의 마음을 들여다보는 것입니다. 기도는 영이요 생명이신 하나님과 사귀는 것입니다. 하나님과 가까이 하는 것입니다. 하나님과 함께 시간을 보내는 행위입니다. 하나님과 사랑을 나누는 시간입니다. 하나님께 사랑을 고백하고 감사하는 시간입니다. 우리의 삶에서 가장 깨어있는 시간, 하나님의 소리를 듣는 시간입니다. 자신의 영적-정신적-육체를 치료하는 시간입니다. 기도는 지친 영적-정신적-육체가 쉬는 시간입니다. 기도는 스트레스로 지친 영적-정신적-육체를 치료하는 시간입니다. 자신의 온몸을 하나님의 신으로 충만하게 채우는 시간입니다. 깊은 기도는 자신의 면역력을 높이는 시간입니다.

그렇기 때문에 반드시 성령 안에서 깊은 기도 해야 합니다. 기도의 대상인 하나님께서 영이시기 때문입니다. 예수를 믿고 성령으로 거듭나 예배당에 나와서 신앙 생활하는 것은 마음 안에 주인으로 계시는 진리 이신 예수님께로 나아가는 데 필수적인 의식이고 적극적인 행동입니다. 진리는 참다운 생명과 삶으로 인도하는 길이요 방법입니다. 진리는 예수님이십니다. 진리를 깨닫게 하시는 분은 성령님이십니다. 그러므로 진리에 입각한 올바른 인격과 삶을 추구하는 사람일 때 참다운 사람이라 할 수가 있습니다. 참다운 신앙인이란 당연히 그래야 합니다. 참다움이란 그의 인격 혹은 영성이 진리의 말씀과 성령으로 정비 정화되어 올바르고 좋게 갖추어져 있다는 것을 말하는 것인데 신앙에의 길이란 바로 참다움의 길이기 때문입니다. 이것이 구원에 이르는 길이기도 합니다. 아니 영원한 낙원(천국)에 이르는 길이기도 합니다. 낙원(천국)은 이 세상을 하직하여 가는 곳이 아닙니다.

많은 분이 낙원(천국)은 이 세상을 하직하고 가는 곳으로 알고 예수님을 믿고 교회를 다닙니다. 그러나 진리를 성령으로 깨닫고 보면 지금 살아있을 때 천국을 누려야 합니다. 예수님이 천국이기 때문입니다. 성경을 성령으로 잘 보시면 예수님께서 이 땅에 천국을 건설하러 오셨다는 것을 깨달을 수 있을 것입니다. 그래서 천국에 가려고 열심히 신앙 생활하지 말고 천국의 주인이신 예수님을 주인으로 모시면서 세상을 살아간다면 살아서 천국을 누리고 세상 하직하면 영원한 천국에 입성하는 것입니다. 천국이 목적이 아니라 천국의 주인이신 예수님을 주인으로 모시고 살아야 천국에서 살다가 천국에 들어가는 것입니다. 지금 살아있을 때 천국을 누리지 못하는 이유가 자신이 마음을 말씀과 성령으로 정비하고 정화하지 못한 연고입니다. 마음이 무질서하고 산만하기 때문에 천국의 주인이신 예수님이 주인 되지 못하니 살아서 천국을 누리지 못하는 것입니다. 마음은 예수님을 주인으로 모시고 성령의 인도를 받아 성령으로 정비하고 정화해야 무질서와 산만이 정리되고 주인이신 삼위일체 하나님께서 마음을 점령하니 지금 살아서 천국이 되는 것입니다. 반드시 말씀과 성령으로 마음속을 정비하고 정화하면 마음으로 하나님을 주인으로 모시면서 천국을 누리면서 살아갈 수가 있는 것입니다.
　마음에서 우러나오는 생각으로 하나님을 주인으로 모시면서 살아가는 것이 진정한 신앙입니다. 마음에서 우러나오는 신앙이란 말씀과 성령으로 마음을 투시하고 감찰하고 정비하고 정화하여 예수님께서 주인이 된 참다운 마음에서 우러나오는 신앙을 말하는 것입니다.

그러니까 하나님의 진실한 것이 아닌 사람들의 규정을 하나님의 규정인 양 사람들을 가르치며 그것은 진리 화 시킨다는 꾸짖음입니다. 교리나 전통은 종교적 조직과 관리 혹은 특권을 살려가기 위한 것일 수 있기 때문입니다. 세상의 샤머니즘과 인간의 지식이나 지혜가 섞여 있을 수 있다는 말씀입니다. 하나님의 계명과 교리나 전통 사이에는 차이가 있을 수 있다는 말이기도 합니다. 하나님의 계명은 바로 나쁜 마음을 갖지 말고 좋고 바른 마음을 갖는 것입니다. 예를 들면 사랑, 용서, 자비, 선행, 같은 것입니다. 이는 마음을 말씀과 성령으로 정비하고 정화했을 때 마음에서 흘러나오는 하나님의 은혜입니다. 나쁜 마음과 행실이란 마음이 정비되지 않은 나쁜 생각, 불륜, 도둑질, 살인, 간음, 탐욕, 악의, 사기, 방탕, 중상모략, 교만, 어리석음과 같은 것입니다. 이런 모든 것들은 성령으로 정화되지 않은 자연인(아담)의 마음과 생각에서 비롯되는 것입니다. 그래서 마음을 성령으로 감찰하고 투시하며 정화해야 진정한 신앙인이 되는 것입니다. 마음을 삼위일체 하나님께서 점령해야 삼위일체 하나님의 사람답게 살아갈 수가 있는 것입니다.

예수를 믿고 거듭난 성도라 하여도 다른 이들과 같이 온갖 탐욕과 거짓으로 가득하다면 그 신앙은 그 사람은 온전하게 구원에 이르지 못할 수도 있습니다. 반드시 마음속을 정화해야 합니다. 예수님의 말씀과 성령은 마음을 정화해 가는 것이 진리의 길임을 명시

하고 있는 것입니다. 그러니 이제 참다운 신앙인이 되려면 기도나 활동은 마음속의 정화와 신앙심 향상에 보탬이 되는 것이지만 그것이 본질이 아니라 더욱 중요한 것은 삼위일체 하나님 중에 3위이신 성령으로 자신의 마음을 감찰하며 돌아보고 정비하고 정화해 가야 한다는 것입니다.

마음속을 정화하여 모든 나쁜 생각과 감정, 욕구를 떨쳐버리고 의의 길을 갈 때 진정 하나님께로 나아가게 되는 것입니다. 자기 마음의 불의를 척결해야 합니다. 그것이 참 신앙인의 우선적인 길이입니다. 맹목적인 신앙인으로 관념적인 신앙으로 교회에 충성하는 것보다 성령으로 충만하여 하나님의 의를 따르는 것이 더 중요함을 알아야 합니다. 사람이 정복하지 못하는 곳은 자기 마음의 세계입니다. 반드시 진리의 말씀과 삼위일체 하나님의 역사가 자신을 지배해야 자기 마음의 세계를 정복할 수가 있습니다. 예수님께서 말씀하신 대로 물과 성령으로 나지 아니하면 하나님의 나라에 들어갈 수 없는 것입니다. "예수께서 대답하시되 진실로 진실로 네게 이르노니 사람이 물과 성령으로 나지 아니하면 하나님의 나라에 들어갈 수 없느니라"(요 3:5).

하나님께서 창조하신 사람이 이 세상을 살면서 왜 사는지 그 의미를 알려는 사람도 없고 또한 삶의 의미를 알려주는 사람도 없기 때문에 자기 욕심에 따라 이 세상을 살다가 허탈하게 삶을 마감하고 있습니다. 사람들은 세상에 사는 동안 먹고 마시며 모든 것들을 소유하면 자기는 행복한 사람이라 생각하지만, 진정한 행복은 그곳에 없다는 것을 자신이 알면서도 그 일에 목숨을 걸고 있는 것은 자기 자신의 마음속의 세계를 알지 못하기 때문입니다. 그러면 사람이 태어나서 살아야 하는 진정한 의미는 무엇인가? 사람이 살아 있는 동안 반드시 알아야 하고 행해야 할 일들입니다. 이렇게 정신없이 살아가지만 나이가 들어 죽음을 앞에 둔 모든 사람은 인생은 일장춘몽과 같고 공수래공수거라 말하면서 인생의 무상함과 허무함을 고백하고 있습니다. 사람들은 본성이 짐승의 야성을 벗어나지 못하고 먹을 것을 찾아 세상 끝까지 다니다가 결국 죽음을 앞에 두고 빈손으로 돌아와서 절망과 좌절 속에 빠지게 되면 이 모든 것이 헛되고 헛된 것을 깨닫고, 그때야 자기들 마음의 세계를 발견하게 됩니다.

 그 마음속의 세계로 들어가려 해도 길이 막혀 엄두를 내지 못하고 결국 포기하고 마는 것은 깊은 흑암이라는 오랜 세월 동안 쌓아 올린 거짓 생각들이 울창한 숲이 되어 가로막고 있으므로 한 발짝도 옮길 수 없는 불모지를 보면서 자신의 존재와 마음의 세계를 보지 못하고 있는 것입니다. 하지만 하나님께서 창조하신 사람마다 정복해야 할 곳은 마음입니다. 사람들이 알지 못하는 하나님의 세계가 자신들 마음에 있다는 것입니다. 반드시 삼위일체 하나님을 주인으로 모시고 말씀과 3위 이신 성령 하나님의 역사로 눈이 열려야 깨닫게 됩니다. 자기 자신의 존재가 어디에서 와서 어디로 가는지 그곳을 알지 못하면 사람이 아니라 짐승들에 불과하다는 것이요, 그러나 예수님을 믿고 주인으로 모시고 성령 하나님의 인도와 역사로 자기 마음 안에 있는 세계를 정복하게 되면 거기에는 행복도 있고 기쁨도 있으며 천국도 있고, 살아계신 하나님이 주인으로 계신 것을 체험하게 됩니다.

그러므로 사람들은 누구나 꼭 찾지 않으면 안 되는 곳이 자기 마음속의 세계입니다. 그곳(마음)을 찾아야 행복과 기쁨이 있고 언제나 부족함이 없으며 신(神)의 세계요 하나님의 아들들로 살 수 있는 곳입니다. 반드시 예수님을 믿고 죽고 다시 사신 예수님으로 태어나 성령의 지배와 안도를 받으며 예수님의 인생을 살면서 말씀과 성령으로 거듭나야 찾을 수가 있는 곳입니다. 하나님의 세계(천국)는 짐승 차원의 사람이 예수님을 영접하고 성령으로 거듭나 하나님의 형상으로 아들(예수)이 되어 거듭난 자만이 가는 곳이지 아무나 가는 곳이 아닙니다. 그러므로 사람으로 이미 이것을 소유한 사람은 세상 삶에 집착할 이유가 없이 그곳의 사람들은 성령의 인도로 기이하고 놀라운 일이 일어나게 되는데, 이 모든 것이 자기 안에 있는 존재 발견과 마음의 세계를 정복한 사람들에게 주어지는 복(福)이라는 것입니다.

지구촌 그 어디에도 이런 곳은 없으며 오직 하나님이 창조하신 사람 안에 감추어져 있는 자기 마음속의 세계로 들어간 사람들에게만 주어지게 되어 있는 하나님의 세계인 천국입니다. 하지만 그곳을 정복하려면 많은 영적인 준비가 필요하고 진리의 말씀이 내 안에 있어야 합니다. 성령으로 세례를 받고 성령으로 진리를 깨달으며 성령의 인도를 받아 스스로 자신의 마음속을 투시(감찰)해야 합니다. 자신의 마음속을 말씀과 성령으로 정리하고 정화하여 진리를 캐내고 하나님의 나라 천국이 되며 하나님의 아들들이 되려면 깊은 흑암을 뚫을 수 있고 벗어날 수 있는 진리의 말씀과 성령이 있어야 합니다. 이것을 성경에서는 하늘에서 내려온 펴 놓인 작은 책이라 하셨습니다(계10:1-2). 이 책은 성령으로 깨달을 수 있는 책이며, 이 책을 가지고 있으면 길을 헤매지 않고 빛의 세계를 찾을 수 있으며 예수님이 걸어가셨던 길을 그대로 따라갈 수가 있기에(요14:6) 천국에 들어가 자기의 소원들이 다 이루어지는 곳에 도착하게 되고 예수와 같은 하나님의 아들들이 되어버리는 것입니다. 거기에 도착한 사람들은 모두 의인들이 되고 성령의 사람들이 되고 예수님과 같은 하나님의 아들들이 되어버리는 기적을 체험하게 되어 있습니다. 사람들은 지금까지 너무나 무의식적인 삶을 살면서 외적이고 보이는 세계만을 여행하며 점령하면서 세상이 가져다주는 행복을 찾아 유리하는 삶이었습니다. 가장 귀중하고 소중한 것들은 모두 방치해 두고 계속 쓰레기들만 모으며 살고 있었던 것입니다.

  오래되고 낡은 폐품들을 모아 부유하다며 큰소리를 치고 있었던 것이며, 썩어 없어질 것들을 수집하여 중요한 보물이라 하고, 이러한 재산을 소유하면 행복한 사람이라고 생각했습니다. 정작 그곳에는 행복도, 기쁨도 없고 원하는 것들은 아무것도 없습니다. 모두 가짜였고 거짓입니다. 거짓 행복과 거짓 기쁨을 찾았고 가짜 천국을 찾았으니 결국은 지옥의 삶이 아니었던가요? 세상의 것은 아무리 좋아도 헛되고 헛되이 헛되다고 전도자는 말하고 있습니다. 그것들은 모두 쓰레기들이요 폐품들이며 거기에는 장사꾼들의 소굴이요 강도들의 소굴이며 생지옥이었습니다. "선"인가 했는데 "악"이 되어버리고 천국인가 하면 지옥이요 행복인가 했더니 불행인 것입니다.

　이러한 종교 생활이 계속되고 있는 것은 자기들 마음속의 세계를 알지 못한 사람들이 짐승과 같은 야성을 가지고 세상에 보이는 것이 전부가 되어 있기 때문이요, 자기들 마음의 세계를 정복한 사람들은 예수님의 마음을 가지고 하나님 아들(예수)로 천국에서 살 수 있기에 선악이 없고 생과 사가 없는 하나님 아들들의 삶을 살 수 있는 것입니다.

　그러므로 찾을 만한 가치가 있는 유일한 보물은 자신의 마음속에 숨어있는 하나님의 세계를 정복하는 것입니다. 본성을 찾아 자신의 존재를 발견하게 된 사람은 항상 웃을 수 있어 행복과 기쁨이 떠나지 않고 생명과 평화가 있으며 천국과 영생이 있습니다.

　하나님과 하나가 되고 예수님처럼 살게 됩니다. 이 모든 것들은 자연 그대로 하나님으로 하나 되는 것이니 삼위일체 하나님으로 살자는 것입니다. 그러므로 진정한 삶은 지금까지 미지의 세계로 남아있는 자기들 마음속의 세계를 정복하는 것입니다. 나의 자아를 버리고 성령님을 주인으로 모신 성도가 되어 나 자신의 존재를 발견하면 하나님을 발견하게 되고 내가 기쁨의 사람이 되고 행복한 사람이 되며, 내가 예수님처럼 되어버리면 이것이 예수님이 걸었던 길이며 우리가 모두 걸어가야 할 길입니다.

다시 설명하면 마음이란 일반적인 관념적인 신앙으로는 발견하기 쉽지 않은 곳입니다. 반드시 예수님을 믿고 예수님으로 죽고 다시 사신 예수님으로 태어나 진리의 말씀과 성령으로 거듭나 예수님의 인생을 살아야 깨달아지는 것입니다. 마음의 다른 세계가 깨달아졌다고 다 되는 것이 아니라, 진리의 말씀과 성령의 역사로 마음이 열려서 자신 안에 마음의 보물을 캐어내기 위하여 성령으로 정비하고 정화하여 마음이 하나님의 나라가 되어야 합니다.

예수님께서 마태복음 13장 44-46절에서 강조하신 대로 자신의 마음에 보화가 있다는 것을 성령으로 깨달아 알아야 합니다. 그래야 자신 마음에 있는 보물을 내 것으로 만들려고 전념하고 노력하는 것입니다. 중요한 것이 자신의 마음에 보물이 있다는 것을 깨달아 아는 것입니다. 이는 보이는 외형적인 신앙생활을 하는 사람들은 발견하기가 심히 어려울 것입니다. 보이지 않는 마음을 중요시하는 영적인 성도들이 발견하게 됩니다. 보이지 않는 마음을 중요시하는 신앙인이 되기 위하여 말씀과 성령으로 거듭나야 합니다. 즉 다시 태어나야 한다는 말입니다. 다시 태어나야 한다는 말은 예수님을 믿을 때 죄인인 자신은 죽고, 돌아가신 지 3일 만에 무덤문을 열고 부활하신 예수님으로 다시 태어나 예수님의 인생인 의인으로 살아야 한다는 말입니다. 사람의 마음은 아주 중요합니다. 하나님께서 마음 안에 귀신을 쫓아내는 권능과 삶의 문제를 해결하는 지혜를 숨겨두셨기 때문입니다.

어느 날 하늘나라에서 삼위일체 하나님께서 깊은 생각 고민을 하셨습니다. 삼위일체 하나님이 보기에 인간들의 행태가 심상치 않았기 때문입니다. 창조주인 삼위일체 하나님을 떠나서 살아갈 수가 있다고 생각했기 때문입니다. 삼위일체 하나님은 자신의 형상대로 만들어 낸 인간은 감히 신이신 하나님께 범접할 수 없는 피조물이지만 그들에게는 하나님께서 부여한 비상하고 놀라운 두뇌가 있었습니다. 그들의 두뇌의 그 능력은 점점 진화하고 똑똑해지고 강해져서 어느새 삼위일체 하나님의 능력을 위협할 정도로 커져버렸습니다. 아담과 하와 같이 하나님을 떠나서 독립하며 살려고 하는 교만한 마음이 생길 수 있기 때문입니다.

이제 삼위일체 하나님과 인간의 사이를 가르는 가장 큰 능력 하나가 인간의 손에 들어간다면 인간들은 삼위일체 하나님의 지배를 떠나 스스로 삼위일체 하나님처럼 무소불위의 힘을 발휘하게 될 것이라는 근심을 하게 되었다는 것입니다. 그래서 삼위일체 하나님은 그것을 인간들이 찾지 못하도록 안전한 곳에 숨겨 놓아야 했습니다. 아무리 높은 하늘이라도 깊은 바다라도 인간들은 놀라운 두뇌는 수단과 방법을 가리지 않고 그것을 찾아낼 것이라고 확신했습니다. 삼위일체 하나님은 회심의 미소를 지으며 불안감이 사라졌습니다. 어떤 인간도 삼위일체 하나님을 주인으로 모시지 않고, 성령의 인도를 받지 않고는 인간 스스로 그곳을 찾아내지 못할 거라는 확신이 들었기 때문입니다. 과연 그곳은 어디일까요? 삼위일체 하나님이 찾아낸 그 신비로운 장소? 그곳은 바로 인간의 마음 속이였습니다. 마음 속에 신비한 능력이 잠재 되어 있는 것입니다. 이처럼 인간의 마음속에는 무한한 잠재 능력이 존재합니다. 그러나 마음 속으로 들어가려면 삼위일체 하나님의 인도 없이는 들어갈 수가 없습니다. 왜 그렇습니까? 마음 안에는 삼위일체 하나님께서 계시기 때문입니다. 반드시 예수를 믿고 성령으로 세례를 받고 예수님의 인생을 살면서 성령의 인도를 받아야 마음 안으로 들어가 하나님께서 숨겨두신 보물을 찾을 수가 있습니다.

그 마음이라는 것을 제대로 이해하고 들어가 보았을 때 우리는 삼위일체 하나님이 말했던 그 능력을 갖게 될 것입니다. 마음이라는 것은 그냥 보이지 않습니다. 흙탕물인 상태에서는 아무것도 보이지 않습니다. 예수를 믿고 성령으로 거듭나 생명의 말씀과 성령으로 충만하여 성령의 인도를 받아 마음을 안정시켰을 때 보이게 됩니다. 성령으로 충만하여 마음을 잘 들여다보았을 때 비로소 잠재의식의 능력과 내면의 큰 힘을 발견하게 됩니다.

가장 중요한 점은 자신이 그러한 능력이 있음을 인정하고 받아들이는 것입니다. 인정하지 않고 받아들이지 않으면 헛것입니다. 그리고 내면에 관심을 가지는 것입니다. 그래서 성령으로 거듭난 긍정의 사람이 내면이 강한 사람이 되는 것입니다. 무엇이든지 그럴 수 있다고 생각하고 받아들이기 때문입니다. 그럴 수 없다고 생각하면 받아들이지 못합니다. 그러면 내면의 능력은 잠자게 되는 것입니다. 그럴 수 있다고 긍정으로 생각하는 사람은 받아들이기 때문에 능력이 개발되는 것입니다.

이러한 능력은 내면의 빛이 외부로 투사될 뿐입니다. 내면의 고유한 능력이 외부로 드러날 뿐입니다. 자신의 그러한 능력을 믿지 못했을 때 자신을 질책하거나 원망하게 됩니다. 내면의 능력이 개발되지 못합니다. 나라는 존재는 이 지구상에서 가장 소중하고 중요한 존재입니다. 하나님의 형상이기 때문입니다. 하나님께서 나를 통하여 하나님의 일을 하시기 때문입니다. 이것만 이해해도 우리의 삶을 불행하도록 내버려 두지 않을 것입니다.

마음속을 깨달을 때 내면의 능력이 강해지는 것입니다. 성경 말씀에는 역설적인 진리가 참 많습니다. 즉 보통 인간의 상식으로는 이해되지 않는 모순 같이 보이는 진리가 참으로 많습니다. 애통하는 자가 복이 있다, 심령이 가난한 자가 복이 있다, 죽고자 하면 산다, 주는 자가 복이 있고 풍부해진다는 등 역설적인 것처럼 들리지만 모두가 참된 진리인 것입니다.

그 중에 '약할 때 강해진다'는 진리도 하나의 역설적 진리라 할 수 있습니다. 특별히 이것은 사도 바울이 많은 고난을 겪고 깊은 기도의 생활 끝에 발견한 영적 체험이며 깊은 진리의 말씀입니다. "내 능력이 약한 데서 온전하여짐이라", 또 "내가 약할 그 때에 강함이니라" 그러므로 "약한 것들 외에 자랑치 아니하리라"는 말씀에 힘을 주어 언급하고 있습니다.

사도 바울은 다메섹 도상에서 자신이 핍박하던 예수 그리스도를 기적적으로 만나본 후 많은 병자를 신유의 은사로 고치고, 심지어 유두고와 같은 청년은 바울이 밤늦도록 설교할 때 졸다가 3층에서 떨어져 죽은 것을(행 20:9) 살려내기까지 하였습니다.

그러나 바울 자신은 자신의 몸에 가지고 있는 사단의 찌르는 가시 즉 어떤 고질적인 병을 제거해 주시기를 세 번이나 간절히 기도했는데, 그 병은 고쳐 주시지 않고 예수님이 말씀으로 응답해 주시기를 "내 은혜가 네게 족하도다. 이는 내 능력이 약한 데서 온전하여짐이라" 하는 것이었습니다. 이에 바울은 자신이 받은 계시도 많고 본 것도 많고 체험한 바도 많기 때문에 자고 하지 않게 하기 위해서, 즉 교만 마귀에게 넘어가서 하나님으로부터 멀어지지 않게 하기 위하여 하나님께서 이 육체를 찌르는 고통의 가시를 **뽑**아주시지 않으신다는 것을 깨달았습니다.

자기의 약함과 부족함을 느낄 때 그리스도의 능력이 자기에게 머물러 있는 것을 깨닫고 감사했던 것입니다. 곧 "자기가 약하다고 느낄 때 곧 강해진다"고 하는 깊은 역설적 진리를 발견했습니다. 그렇습니다. 하나님의 능력은 인간이 약할 때에 온전하게 나타나는 것입니다. 인간이 스스로 강하다고 느낄 때는 하나님의 능력이 나타나지 않는 것입니다. 그러므로 인간의 비극은 약한 데 있는 것이 아니라, 도리어 자기의 연약함과 부족을 모르고 하나님을 믿고 주인으로 모시지 않고 의지하지 않고 자기 자신의 힘으로 살아가려고 하는데 그 원인이 있는 것입니다. 자신이 예수님을 믿고 죽고 다시 사신 예수님으로 태어나 성령의 인도를 받으며 예수님의 인생을 살면서 성령의 인도로 마음 안에 들어가면 하나님께서 숨겨두신 권능과 지혜와 보물을 찾아서 사용할 수가 있습니다.

3장 기도해도 예수로 바뀌지 못하는 원인을 알게 되지요

　기도는 신앙의 기본입니다. 깊은 기도가 마음 안에 숨겨둔 권능과 지혜와 보물을 발견하고 사용하게 하는 것입니다. 기도는 마음 안에 주인으로 계시는 하나님께 나아가는 적극적인 수단입니다. 기도는 예수를 믿고 성령으로 거듭난 성도의 호흡입니다. 모든 신앙생활이 기도로 시작이 됩니다. 성령 충만도 기도로 됩니다. 하나님의 음성도 기도해야 듣게 됩니다. 깊은 영성도 기도가 깊어져야 가능합니다. 기도는 성도의 호흡으로서 한시라도 기도를 쉬면 살 수가 없습니다.

　이 중요한 기도가 잘못된다면 열심히 믿음 생활하면서 되는 것이 하나도 없을 수가 있습니다. 나아가 하나님과 교통할 수가 없게 됩니다. 하나님은 신이십니다. 신이신 하나님과 교통하려면 우리가 신적이 되어야 합니다. 신적이 되려면 성령으로 세례를 받고 성령으로 충만한 상태에서 깊은 기도를 해야 합니다. 아무렇게나 기도한다고 신적인 성도가 될 수 없습니다. 반드시 성령으로 깊은 기도를 해야 합니다. 예수님을 믿고 예수님으로 죽고 다시 사신 예수님으로 다시 태어나 성령의 지배와 인도를 받으면서 예수님의 인생을 사는 성도가 성령으로 깊은 기도를 할 수가 있습니다. 성령으로 기도하는 것은 말로 하는 것이 아닙니다.

　살아 역사하시는 성령께서 기도를 이끌어가게 해야 한다는 것입니다. 성령께서 기도를 이끌어가게 하려면 영안에 계신 성령님을 밖으로 나타나게 해야 합니다. 성령님을 밖으로 나타나게 하는 것이 성령의 세례입니다. 성령으로 세례를 받아야 비로소 성령의 이끌림을 받는 기도를 할 수가 있습니다. 그럼 우리가 날마다 하는 기도에 무엇이 문제가 있을까요? 제가 그동안 25년이 넘도록 성령으로 치유 사역을 하면서 나름대로 체험한 것을 정리하면 이렇습니다.

첫째, 기도는 성령으로 깊은 기도를 해야 합니다. 문제는 자의적이고 습관적인 기도를 하고 있다는 것입니다. 무조건 많이 하고 열심히 간구하는 습관적인 기도를 하고 있습니다. 기도를 바르게 하려면 제가 알려드리는 대로 기도를 해야 합니다. 기도는 영의 활동입니다. 그러므로 예수를 믿기 전에 세상에서 하는 것과 같은 식으로 기도를 하면 누가 역사를 하겠습니까? 이는 교회 안에서 기도해도 마찬가지입니다. 그래서 성경에 성령으로 기도하라. 성령으로 깊은 기도를 하라고 하는 것입니다. 자기가 세상에서 하는 기도를 과감하게 버리고 성령의 인도를 받는 깊은 기도를 해야 합니다. 성령의 인도를 받는 기도는 이렇게 하면 됩니다.

이는 기도를 시작하기 전에 기도 인도자가 미리 알려주어야 합니다. 영의 통로가 열리지 않았다고 생각되는 성도들은 숨을 들이 쉬고 내 쉬면서 주여! 숨을 들이 쉬고 내 쉬면서 주여! 숨을 들이 쉬고 내 쉬면서 주여! 자연스럽게 주여! 주여! 를 하면 되는 것입니다. 방언으로 기도할 줄 아는 분들은 호흡을 들이쉬고 내쉬면서 방언 기도하고, 호흡을 들이쉬고 내쉬면서 방언 기도를 합니다. 즉 내면의 활동이 강화되어 자신의 마음속 영 안에 계신 성령이 밖으로 나오시게 해야 합니다. 코로는 바람을 들이쉬고 배로 호흡을 하는 것입니다. 호흡을 들이쉬고 내쉬면서 주여! 주여! 주여! 하다가 어느 정도 충만해지면, ① 호흡을 들이쉬면서 하나님…. 내쉬면서 사랑합니다…. ② 호흡을 들이쉬면서 하나님…. 내쉬면서 도와주세요…. ③ 호흡을 들이쉬면서 하나님…. 내쉬면서 용서하여 주세요…. ④ 호흡을 들이쉬면서 하나님…. 내쉬면서 감사합니다…. 이렇게 집중하며 기도를 하다가 보면 성령께서 감동을 주시는 것이 있습니다. 성령이 알려주는 것을 기도하는 것입니다. 이렇게 지속적으로 하다가 보니 방언도 터지고 성령으로 충만해집니다. 이렇게 해서 기도에 재미가 붙으니까, 교회에 가서 기도하고 싶은 생각이 드는 것입니다. 내가 성령 치유 사역을 하다가 경험한 바로는 주여! 주여! 주여! 하는 기도 아무나 못합니다. 주여! 주여! 주여! 만 잘해도 기도가 열린 성도입니다. 자신 안에 주인으로 계시는 성령님과 영의 통로가 막힌 성도에게 주여! 주여! 주여! 하라고 해도 죽어도 못합니다. 왜냐하면 귀신이 영을 내리 누르기 때문에 못하는 것입니다. 이것은 제가 지난 25년간 성령치유 사역을 하면서 주여! 하는 기도를 시켜봤기 때문에 아주 잘 압니다. 당신도 한 번 지금 주여! 를 해보기를 바랍니다. 만약 목회자가 이 책을 읽고 있다면 예배를 마치고 성도들에게 주여! 주여! 를 시켜보기를 바랍니다. 아마 내가 말한 것이 이해가 갈 것입니다. 목사님도 사모님도 주여! 를 못하시는 분들이 다수 있습니다. 기도는 성령으로 쉽게 하는 것이 깊은기도 입니다.

일단 이렇게 기도하여 영의 통로를 뚫어야 합니다. 그 다음에 마음으로 기도하고 영으로 기도하는 깊은 단계로 들어갑니다. 주의할 것은 호흡을 들이쉬고 내쉬면서 주여! 를 하면 속에서 더러운 것들이 기침을 통해서 나가고 웃음과 울음이 터지기도 합니다. 이는 막혔던 영의 통로가 뚫리면서 일어나는 성령의 역사입니다.

다른 문제는 기도에 관한 고정관념에 잡혀서 외형적 모습, 언어의 구사에 너무 신경을 쓰느라고 기도를 못하는 것입니다. 기도는 언어의 구사가 아닙니다. 하나님과 인격적인 관계로서 눈빛만 보아도 서로를 아는 관계에 들어가는 것이 바른 기도입니다.

그리고 특정한 장소에서 해야 기도가 된다는 잘못된 의식입니다. 기도는 교회, 산, 기도원, 새벽기도에서 하는 것이라는 기도에 대한 고정관념이 기도를 어렵게 만듭니다. 자연스럽게 어디서든지 성령의 임재 하에 마음으로 기도할 수 있어야 합니다. 기도의 본질은 무엇을 비는 것이라는 생각 때문입니다. 우리가 무속적인 기도인 '비나이다. 비나이다' 식의 기도의 개념은 문제없는 사람은 기도의 필요가 없다는 그릇된 생각을 가져왔습니다. 기계 문명이 발달할수록 더욱 영성을 위하여 기도해야 하는데, 이러한 잘못된 생각 때문에 실상은 그 반대가 되었습니다.

문제가 하나님을 필요하게 만들어서는 안 됩니다. 하나님과 항상 교제함으로 문제가 해결되게 하세요. 기독교의 신앙의 본질은 예방 신앙이어야 합니다. 문제가 생기기 전에 기도하여 예방하는 것이 바른 신앙입니다.

공동으로 모여서 하는 기도의 습관이 기도를 어렵게 합니다. 이러한 분위기가 아니면 기도할 수 없게 만드는 것은 좋은 기도의 습관이 아닙니다. 혼자서 자신 안에 계신 하나님에게 어디에서나 교제하고 대화할 수 있게 하는 기도가 되어야 합니다. 당신의 집에서도 마음으로 기도하시고, 차를 운전하시면서도 마음으로 기도하시고, 일을 하시면서도 마음으로 기도하시고, 전철을 타고 가시면서도 마음으로 기도하시기를 바랍니다. 기도는 이렇게 하나님에게 나의 생각과 마음을 하나님에게 집중하는 것이 바른 기도입니다.

둘째, 기도는 성령으로 해야 한다. 기도는 엄연하게 성령 안에서 성령으로 깊은 기도를 해야 하는 데 자신의 생각과 욕심을 가지고 중언부언하면서 기도를 합니다. 새벽기도에 가서도 과거 정안수 떠놓고 빌던 방식대로 기도를 합니다. "무조건 비나이다"입니다. 실제로 제가 부교역자 할 때 제가 잘 아는 권사님이 계셨습니다. 이 권사님이 새벽기도에 나와서 꼭 제 뒤에서 기도를 하십니다. 제 뒤에서 기도를 하면 기도가 잘 된다고 꼭 제 뒤에서 기도를 합니다. 이분이 하는 기도가 아주 재미가 있습니다. 기도하는 소리를 들어보면 이렇습니다.

"하나님! 우리 아들 직장생활 잘하게 해주시옵소서. 믿음 생활도 잘하게 해주시옵소서. 손자들도 공부 잘하고 잘 자라게 해주시옵소서. 우리 큰 딸이 우울증에 걸려서 고생을 합니다. 우울증을 치유하여 주시옵소서. 우리 큰 사위가 술을 끊지 못하고 있습니다. 술을 끊도록 도와주시옵소서. 외손자 외손녀가 상처 받지 않고 잘 자라게 해주시옵소서. 하나님! 우리 작은 딸이 질병으로 고생을 합니다. 병을 치유하여 주시옵소서. 사위도 사업이 잘되고 믿음 생활도 잘하게 하여 주시옵소서. 외손자가 건강하게 잘 자라기를 원합니다"

이렇게 조랑, 조랑, 조랑, 조랑, 조랑, 조랑하며 주시옵소서. 기도를 하는 것입니다. 이것이 무슨 이유입니까? 샤머니즘의 영향입니다. 그러다가 제가 교회를 개척하고 집회할 때 찾아 오셨습니다. 자기 딸들이 몸이 불편하여 치유 받게 하려고 데리고 온 것입니다. 이 권사님이 오셔서 기도하다가 성령의 세례를 받고 방언이 터졌습니다. 방언이 따다다, 따다다, 하고 나오니까, 종전에 기도하던 방식으로 아들과 딸들을 위하여 간구를 할 수가 없는 것입니다. 저에게 따지는 것입니다.

왜 방언이라는 것을 받게 해가지고 나를 이렇게 답답하게 하느냐고 말입니다. 물어보니 이렇게 대답을 합니다. 아들과 딸들을 위하여 기도를 못하겠다는 것입니다. 제가 몇 번에 걸쳐서 설명을 하다가 이해하시지 못하여 그만 두고 권사님이 알아서 기도하라고 한 적이 있습니다. 이와 같이 처음 교회에 들어올 때 기도에 대하여 바르게 가르쳐 주지 않으니 30년을 예수를 믿어도 샤머니즘적인 기도를 탈피하지 못하는 것입니다.

셋째, 저는 개인적으로 이렇게 생각을 하고 있습니다. 성도가 예수를 믿고 교회에 들어오면 성령으로 세례를 받고 내적인 상처를 치유하면서 깊은 기도를 바르게 가르치고 배워서 깊은 기도를 숙달해야 한다는 것입니다. 저는 목사가 되기 전에 평신도 생활을 15년 정도 했습니다. 그런데 어느 목회자가 기도에 대하여 바르게 알려주지를 않았습니다. 그저 기도하세요. 기도해야 하나님과 교통할 수가 있습니다. 기도해야 문제가 풀립니다. 기도를 어떻게 하라고 원리를 알려주지 않고 무조건 기도하라고 합니다. 그러니 모두 지난 세월 하던 샤머니즘적인 기도를 합니다. 아침에 밥솥 앞에 정안수 떠놓고 기도하던 것이 생각이 나니 그렇게 기도를 합니다. 돌무더기 앞에서 기도하던 것이 생각이 나니 그렇게 기도를 합니다. 기도하면 비는 것이라는 사고가 고착되었습니다.

절에 가서 불공을 드리며 빌던 것이 생각이 나니 그렇게 기도를 합니다. 이렇게 기도를 해도 누구 하나 기도를 바로 잡아주는 사람이 교회에 없습니다. 그러니 무조건 기도 많이 하면 믿음이 좋은 것으로 생각을 하고, 기도하면 거듭난 성도인 줄 믿어버립니다. 그러나 여기에는 엄청난 잘못이 숨어 있습니다. 기도는 영의 활동입니다. 기도를 어떻게 하는 가에 따라서 성령의 역사도 일어나고 귀신도 끌어들일 수가 있습니다.

무당들도 철야 하면서 얼마나 기도를 많이 합니까? 무당들이 북을 치고 장구를 치면서 기도하면 귀신들이 옵니다. 큰 귀신에게 접신 받으려고 무당들은 철야 하며 기도합니다. 또 한가지 웃기는 것은 기도하면서 팔을 흔들거나 몸에 진동이 오면 성령으로 충만한 줄로 압니다. 그러나 기도를 하면 좌우지간 영의 상태가 됩니다. 귀신의 영향도 잘 받는 상태이고 성령의 영향도 잘 받는 무의식 상태가 됩니다. 이때 성령으로 충만한 사람은 성령의 역사가 나타나는 것입니다.

그러나 예수를 믿어도 샤머니즘적인 신앙의 잔재를 성령으로 치유 받지 못했으면 불을 보는 것과 같이 환한 귀신의 역사가 나타나는 것입니다. 일부 영적으로 눈이 열린 목회자들이 우려를 하고 있는 것이 사실입니다. 문제는 그런 양신의 역사를 분별하여 해결하지 못하는 것에 있습니다. 우리 기독교인들이 영적인 수준을 높여야 합니다. 그래서 "기도클리닉"을 하여 샤머니즘적인 기도가 바른 성령의 인도받는 깊은기도가 되도록 해야 합니다. 기도는 훈련해야 합니다. 바르게 가르치고 훈련하여 숙달해야 합니다.

기도회를 인도할 때 보신 분들은 제가 하는 이야기를 이해하실 것입니다. 예를 든다면 가족 중에 무당의 내림이 있는 분은 진동을 심하게 합니다. 팔을 흔들고 머리를 흔들면서 기도를 합니다. 더 지나면 발을 동동 구르면서 기도를 합니다. 이는 성령이 충만해서 일어나는 현상이라고 단정을 지으면 안 됩니다. 정확하게 성령의 임재로 무당의 영이 정체를 드러내는 것입니다.

그리고 중풍의 영향을 받는 분들도 한쪽 팔과 다리를 흔들면서 기도를 합니다. 일부 초보 목회자들이 이를 성령의 역사라고 우기는 분들도 있습니다. 그러나 아닙니다. 성령의 임재로 그 사람 안에 역사하는 악한 세력이 정체를 폭로한 것입니다.

  이것을 분별하여 해결해야 할 분들이 누구입니까? 목회자분들입니다. 제가 분명하게 말씀을 드리면 기도하면 만사가 해결되는 것이 아닙니다. 바르게 성령으로 성령 안에서 기도를 해야 합니다. 성령으로 정확하게 기도를 하면 앞에서 지적한 모든 것이 해결됩니다. 교회에서 이런 현상이 일어난다고 경계해서 해결되는 것이 아닙니다. 원인을 찾아 해결해야 합니다. 우리 교회는 매 예배나 집회 시에 30-50분간 기도를 합니다. 기도를 시켜놓고 제가 돌아다니면서 안수를 합니다. 안수하면서 이상한 현상을 일으키거나 귀신의 역사가 일어나는 분들은 성령께서 저에게 알려주십니다. 저는 기도를 정지시키고 축사를 합니다. 몇 번만 축사하면 모두 떠나갑니다. 왜냐하면 기도를 많이 해서 열려 있기 때문에 쉽게 드러나고 떠나가는 것입니다. 귀신이 떠나가니 편안하게 잔잔하게 기도를 합니다. 본인이 느낍니다. 기도도 성령으로 잘되고, 영육의 질병도, 문제도 해결이 되는 것을 말입니다. 목회자는 이런 상황을 영안으로 열어 분별하여 해결해 주어야 합니다. 그래야 성도들이 영적으로 깊어지는 것입니다.

  성도들이 기도를 많이 하고 신앙생활을 오래 해도 변하지 않는 것은 목회자가 무조건 기도하면 문제가 해결이 된다고 하기 때문입니다. 무조건 기도하라고 해서 생각나는 대로 기도를 하니 이런 영적인 문제가 해결이 되지 않는 것입니다.

제가 여기에서 부가해서 말한다면 성령의 역사가 바르게 일어나면 샤머니즘적인 잔재들이 떠나갑니다. 그러기 때문에 성령으로 기도하면 잔잔하게 성령의 역사만 일어나는 것입니다. 분명하게 분별하여 치유해야 성도들이 하나님과 친밀하게 지내며 하나님의 복을 받을 수가 있습니다. 바른 기도를 하는 습관을 들여야 합니다. 습관이 잘못되면 고치는데 시간이 많이 걸리고 힘이 들기 때문입니다.

넷째, 왜 그렇게 기도를 많이 하는데 변화되지 않고 더욱 혈기가 많고 성격이 예민해질까요? 제가 부 교역자를 할 때 경험적으로 느끼고 안 것입니다. 이상하게 새벽기도 빠지지 않고 잘 나와서 기도하고, 공 예배 빠지지 않고 잘 드리고, 십일조 정확하게 잘 드리고, 구역예배 잘 드리는 성도가 남이 하는 조그마한 소리도 받아들이지를 못하고 혈기를 내는 것입니다. 그러면서 그 성도가 늘 하는 말이 목사님 저는 기도를 많이 해서 신경이 예민해져 가지고 남이 하는 조그마한 잔소리도 듣지를 못합니다. 그렇게 말하는 것입니다. 이 성도는 이러한 경우 때문에 기도는 많이 하지만 변하지 않고 혈기가 심한 것입니다. 기도는 영의 활동입니다.

사람은 마음 안에 영이 있습니다. 그래서 하나님께서 마음 안에 권능과 지혜와 보물을 숨겨두신 것입니다. 하나님께서 마음을 달

라. 마음을 열어라, 마음을 열어라 하는 것입니다. 마음을 열어야 마음 안에서 성령의 활동이 일어나기 때문입니다. 그런데 이 성도는 마음 안에 있는 영이 상처로 인하여 귀신에게 눌려있는 상태입니다. 그래서 이런 분들이 이구동성으로 하는 말이 나는 하루라도 기도를 쉬면 죽는다고 말을 합니다. 육신 적인 눈으로 보면 아주 좋은 현상입니다. 그러나 영의 눈을 열어 영적으로 보면 문제가 있습니다. 상처 뒤에는 귀신이 웅크리고 있습니다. 이 귀신은 어떻게 하든지 사람의 영을 압박하여 성령이 충만하지 못하게 하려고 합니다. 성령이 충만하여 마음을 점령하면 떠나가야 하기 때문에 악착같이 방해합니다.

그렇기 때문에 마음에 있는 성령의 역사가 밖으로 표출되지 못하는 것입니다. 이런 분들은 기도를 하면 영의 활동이 일어나 마음에 있는 성령의 역사로 상처가 목까지 올라오게 됩니다. 그러나 터져 떠나가지는 않습니다. 왜냐하면 상처 뒤에는 귀신이 역사하고 있기 때문입니다. 필자가 하는 이 이야기는 나중에 체험해 보면 이해가 될 것입니다. 그래서 기도를 하면 가슴이 답답한 것이 조금 시원해집니다. 그러다가 기도를 쉬면 또 상처가 아래로 내려가면서 영을 압박합니다. 그러니 또 가슴이 답답한 것입니다. 그래서 또 기도하면 마음이 조금 시원해집니다. 이런 활동이 연속적으로 계속 일어나기 때문에 신경이 예민하여 지는 것입니다. 왜냐하면 이 성도는 예수를 믿고 기도를 열심히 해도 아직 전인격이 성령으로 사로잡히지 않았기 때문에 우리의 이성에 역사하는 귀신이 떠나 간 것이 아니기 때문입니다. 그래서 사람은 약합니다. 이성과 육체를 가지고 있기 때문입니다.

그럼 이 성도가 언제 변하게 되느냐, 마치 사울이 다메섹 도상에서 예수님을 만나 눈이 멀어 식음을 전폐하고 삼일 동안 눈이 멀어 고생하다가 성령으로 세례를 받아 성령으로 충만한 '아나니아'가 가서 안수할 때 눈에 비늘 같은 것이 벗어지고 보게 되고 음식을 먹고 변화되어, 그 시로 주는 그리스도시라고 증거 하며 돌아다닌 것같이, 성령으로 세례를 받아 성령의 인도를 받는 성령 충만한 목사님으로부터 안수를 받는다든지, 뜨겁게 기도하다가 불같은 성령의 세례를 체험하여 영의통로가 열리니 올라갔다가 내려갔다가 하는 상처가 기침이나 토함이나 하품 등으로 **빠져나가기** 시작하면 변화가 오기 시작하는 것입니다.

이런 체험을 한 분들의 다수가 몸에 힘이 쭉 **빠져서** 며칠 동안 힘이 없는 체험을 하기도 합니다. 이렇게 하여 온몸이 성령의 지배로 변하여 혈기가 없어지고 마음에 참 평안을 찾으며 영으로 기도하게 됩니다. 방언 기도를 하던 분들도 이런 영의 통로가 뚫리는 체험을 한 다음부터 방언 기도의 소리가 달라지는 경우도 있습니다. 이는 그 성도의 속에서 역사하던 상처가 치유되니 상처 뒤에 역사하던 귀신이 떠나가고 성령이 장악을 하니, 성령으로 변화되기 시작하는 것입니다. 성도의 온몸은 말씀과 성령의 역사가 변화시키는 것입니다. 아무리 자기가 변화되겠다고 마음을 먹어도 성령의 역사가 일어나지 않으면 변화되지 않습니다.

왜냐하면 인간적인 인본주의에는 귀신이 역사하기 때문입니다. 귀신은 4차원의 초인적인 존재이므로 3차원인 사람이 이길 수가 없습니다. 그래서 성령 충만한 사역자의 안수기도와 불같은 성령 체험이 필요한 것입니다. 성령으로 세례를 받고 성령이 충만하면 5차원의 초자연적인 성도가 되기 때문입니다. 필자는 단언 합니다. 성도가 바른 영의 말씀과 불같은 성령으로 세례를 받고 심령을 치유하고, 성령의 인도를 받으며 성령으로 바르게 기도만 된다면 모두 성격이 예수님의 성격으로 변하게 됩니다. 예수님과 같은 권능과 지혜를 가지고 귀신을 제압하며 살아계신 하나님의 축복을 받으면서 살아갈 수가 있습니다. 그리고 삶에서 성령의 열매를 맺으면서 살아갈 수가 있습니다.

저는 25년이란 세월 동안 성령 치유 사역을 하면서 성령으로 깊은 기도를 하니 많은 분들이 변화되는 것을 체험하며 사역을 하고 있습니다. 기도는 영의 활동입니다. 기도를 어떻게 하느냐에 따라서 성령도 역사하고 귀신도 역사할 수가 있습니다. 성령으로 깊은 기도를 하시기를 바랍니다.

4장 기도의 대상을 바르게 알고 바르게 기도하게 되지요.

　기도의 대상은 누구일까요? 기도의 대상은 자신의 마음 안에 주인으로 계시는 신이신 성령 하나님이십니다. 예수를 믿고 성령으로 거듭난 성도의 기도는 성령으로 하나님께 해야 합니다. 기도는 영의 호흡이기 때문에 기도를 쉬게 되면 영적-정신적-육체적으로 문제가 발생합니다. 자신 안의 주인이신 하나님으로부터 에너지를 공급받지 못하기 때문입니다. 그래서 크리스천이 자신 안의 주인이신 하나님께 기도를 하지 않으면 살아있으나 죽은 영으로 귀신의 종입니다. 기도는 무조건 많이 하는 것이 아닙니다. 자신 안의 주인이신 하나님께 해야 합니다. 하나님은 성령으로 기도하라고 하십니다(유20). 하나님께서 신적이기 때문에 성령으로 기도해야 하나님께서 들으시고 응답하시는 것입니다. 성령으로 깊은 기도하는 습관을 들이기 전에 바르게 기도하는 습관부터 들여야 합니다. 기도가 바르지 못하면 모든 영적인 활동이 꼬이게 됩니다.

　기도를 많이 오래 하는 것보다 습관이 중요합니다. 더 중요한 것은 바르게 성령으로 기도하는 습관입니다. 필자는 25년이 넘도록 성령 사역을 했습니다. 사역을 하면서 깨달은 것은 기도를 바르게 해야 한다는 것입니다. 기도는 참으로 중요합니다. 기도가 잘못되면 만사가 잘못 되기 때문입니다. 반대로 기도를 성령으로 바르게 하면 만사가 형통한 삶을 살아 갈 수가 있습니다. 만사를 하나님께서 주시는 지혜로 해결하면서 살아갈 수가 있기 때문입니다. 그래서 하나님은 성령으로 기도하라고 하십니다. 일부 크리스천들이 무조건 기도하면 모두다 기도인 것으로 착각하는 경향이 적지 않습니다. 그리하여 세상에서 기도하는 식으로 자신이 간절히 바라는 바를 신에게 부탁하는 것을 기도로 생각하고 있는 것입니다. 크리스천들이 분명하게 알아야 할 것은 기도는 기도하는 대상이 있다는 것입니다. 세상에 자신에게 기도하는 사람은 없을 것입니다. 옛날 어머니들이 정안수를 떠놓고 기도하는 것도 무엇인지 모르는 신에게 가족이 잘되게 해달라고 기도하는 것입니다. 무당들이 삼각산에 올라가서 저녁 내내 장구치고 북을 치면서 기도하는 것도 신을 감동 시켜서 강한 귀신을 받고자 기도하는 것입니다. 돌무더기 앞에서 기도하는 것도 자신도 모르는 어떤 신에게 자신의 소원을 이루어달라고 기도하는 것입니다. 각각 기도하는 대상이 있다는 것입니다.

그렇기 때문에 크리스천들이 무조건 기도하면 되는 것이 아니라는 것입니다. 크리스천은 예수를 믿을 때 죽었고, 다시 예수로 태어나 성령의 인도를 받으면서 예수님의 인생을 사는 사람입니다. 반드시 성령을 통하여 예수 이름으로 자신 안에 주인으로 계시는 성령 하나님께 기도를 해야 합니다. 자신의 머리나 생각으로 기도하지 말고 성령의 인도를 받으며 마음으로 기도해야 합니다. 그냥 막연하게 교회나 기도원에 가서 자신의 문제를 해결하여 달라고 기도한다면 누가 기도를 듣고 응답을 해주겠습니까? 그래서 성경에 분명하게 성령으로 기도하라고 말씀하는 것입니다. 필자는 분명하게 이렇게 기도하라고 합니다. 성령으로 충만한 가운데 예수님을 생각하면서 기도하라고 합니다. 크리스천의 기도는 하나님께 일방적으로 요구하는 것이 아니라, 성령으로 충만하여 하나님의 눈으로 자신이 가고 있는 길이 하나님께서 예비한 길인지, 하나님께서 원하시는 목적지와 일직선상에 있는지, 하나님의 눈으로 내려다보는 연습입니다. 한마디로 하나님의 마음을 알고 순종하기 위하여 기도하는 것입니다. 한마디로 마음과 정성을 다하여 온몸으로 기도하는 것입니다.

그래서 무조건 무엇을 해달라고 아뢰려고 하지 말고, 예수님 사랑합니다. 예수님 어떻게 해야 합니까? 예수님을 찾으면서 기도하라고 합니다. 기도의 대상을 명확하게 마음으로 생각하며 기도해야 기도를 받으시고 응답하여 주시기 때문입니다. 기도는 바르게 해야 합니다. 사람은 모두 영적이면서 육적인 존재이기 때문입니다. 예수를 믿고 죽고 예수로 사는 사람의 기도의 대상은 마음 안에 주인으로 계시는 성령 하나님이십니다. 명확하게 기도하는 대상을 생각하면서 기도하지 않으면 귀신이 응답을 할 수도 있다는 것입니다. 세상은 하나님으로 충만하기도 하지만 악한 자에게 처해있기도 하기 때문입니다(요일5:19). 모든 크리스천은 기도를 바르게 훈련받고 기도하야 합니다. 기도를 클리닉을 해야 하는 이유는 기도가 잘못되면 모든 것이 꼬이기 때문입니다. 기도가 바르면 모든 것이 해결되기 때문입니다. 정말로 기도는 중요하기 때문입니다.

첫째, 기도의 대상은 신이신 하나님이시다. 신이신 하나님과 관계가 열리는 것은 예수를 믿고 죽고 다시 사신 예수님으로 살아가면서 성령으로 기도하여 성령이 충만하여 영혼이 만족해야 가능한 것입니다. 하나님은 크리스천의 마음 안에 임재 하여 계시기 때문입니다. 영혼의 만족이란 마음 안에 있는 영혼에 하나님으로 채워졌을 때 느끼는 영혼의 행복감입니다. 아무 이유 없이 기쁨이 내 온 마음을 사로잡고, 평화가 자신의 온 영혼을 지배하는 상태입니다. 영혼이 만족스러우면 근심이 사라지고 평화가 찾아옵니다. 영혼에 기쁨이 넘치면 내게 닥치는 어떠한 아픔과 고통도 이겨낼 수 있는 힘이 생깁니다. 크리스천은 늙어서 영원한 천국에 입성할 때까지 이런 영혼의 만족을 누리는 것은 하나님의 축복입니다. 하나님은 모든 크리스천들이 영혼의 만족을 누리기를 소원하십니다. 성령님을 주인으로 모시고 그분으로부터 올라오는 영혼의 양식으로 만족하는 것입니다. 영혼이 만족을 누리려면 성령으로 기도하여 마음 안이 성령으로 충만해야 가능합니다. 성령으로 충만하려면 먼저 성령으로 세례를 받고 성령 안에서 깊은 기도와 성령 안에서 말씀을 묵상하는 습관을 들여야 합니다. 기도를 성령으로 바르게 해야 영혼의 만족을 누리므로 하나님과 관계가 열리는 것입니다.

신앙생활을 오래 하신 분들 중에 마음이 답답해서 미치겠다고 하시는 분들이 있습니다. 답답함을 치유하려고 이곳저곳 방황하는 분들도 있습니다. 성령이 충만하고 능력이 있다는 이곳저곳을 돌아다녀도 좀처럼 해결되지 않습니다. 저의 개인적인 생각으로는 마음 안에 계신 성령님이 상처와 육에 눌려서 답답해하시는 것이라고 생각을 합니다. 자신의 주인으로 계시는 성령님께서 주무시니 영이 자기 기능을 다하지 못하기 때문에 답답한 것입니다. 한 마디로 영의 질병이 발생한 것입니다. 이러한 상태를 치유 받아 해방되지 않으면 육체의 질병으로 나타납니다. 빨리 생명의 말씀과 성령으로 영의 통로를 뚫고 마음 안에 성전에서 분출되는 성령으로 영적인 치유를 받아야 합니다.

우리가 치유를 받으려면 무엇이 답답하게 하는지 원인을 알아야 합니다. 원인을 바르게 알아야 치유를 받을 수 있기 때문입니다. 답답하게 하는 원인은 첫째, 마음의 상처 때문입니다. 상처가 영을 누르고 압박하고 있기 때문입니다. 둘째는 신적인 문제입니다. 마음을 답답하게 하는 귀신이 있다는 것입니다. 저는 매주 월화금토요일 날 집중 치유기도 집회를 인도합니다. 집중 치유기도 집회를 할 때 다수의 성도(목사, 장로, 사모, 권사)가 "아이고 답답해 아이고 답답해" 합니다. 성령을 체험하고 성령의 역사로 내면의 상처가 치유되면 제가 답답하게 하는 귀신을 축귀 합니다. 그러면 귀신들이 떠나갑니다. 한참 귀신이 떠나가면 "아이고 시원해 아이고 시원해" 하면서 기도합니다.

이렇게 몇 번만 치유하면 가슴이 뻥 뚫리면서 깊은 기도가 열립니다. 원인이 없는 문제는 없습니다. 원인을 찾으면 치유는 쉽습니다. 이렇게 마음이 답답한 분들은 단기 치유가 불가능합니다. 성령이 심령을 장악하는 시간이 많이 걸리기 때문입니다. 이렇게 전문적인 치유를 받아야 빨리 해방될 수가 있습니다. 순간 치유 받으려고 이곳저곳을 다녀도 쉽게 해결되지 않습니다. 반드시 강한 성령의 역사와 깊은 곳의 상처를 치유하는 목회자가 인도하는 집회에 참석하여 본인도 기도하고 안수도 받아야 합니다. 우선 성령의 강한 역사가 있어서 치유되기 시작하기 때문입니다. 어느 정도 마음이 열리고 성령의 역사가 자신을 장악하면 집중 치유를 받으면 좀 더 빨리 해방될 수가 있습니다.

둘째, 하나님과 관계가 열리지 못하니 영혼이 만족하지 못하고 방황한다. 요즈음 방황하는 목회자, 성도들이 많습니다. 방황하는 성도들의 보편적인 문제는 자신의 주인이신 하나님과 영의 통로가 막혀 영의 만족을 누리지 못하기 때문에 방황합니다. 사람은 영적인 존재이기 때문에 영의 만족을 누리려는 노력을 하게 됩니다. 영의 만족을 누리려면 자신 안에 주인이신 하나님과 영의 통로가 뚫려서 하나님과 관계가 열려야 합니다.

하나님과 관계가 열리려면 자신의 생각을 가지고 막연하게 열심히 하지 말고 성령으로 자신 안의 하나님께 기도하여 성령님이 지시하시는 일을 믿음으로 순종해야 하나님과 관계가 있는 성도입니다. 기독교는 머리로 아는 종교가 아니고 마음으로 알고 느끼고 나타나는 생명의 종교라는 것입니다. 알고 있는 만큼 변하는 것이 눈으로 보이고 몸으로 느껴야 한다는 것입니다. 그래서 성령으로 충만하여 영의 통로가 열려야 한다는 것입니다. 그 다음에 성령의 인도를 받으며 열심히 해야 심령이 변하고 환경이 변하면서 영적으로 깊어집니다. 사람은 영적인 존재이기 때문에 영의 통로가 열려 영의 만족을 누려야 방황을 멈춘다는 것입니다.

셋째, 기도의 대상인 성령 하나님께 기도하지 않으면 육신 적인 신앙인이 된다. 기도를 바르게 하지 않으면 예수를 믿고 교회에 출석하며 믿음 생활을 하더라도 성령께서 전인격을 장악하지 못함으로 성령님과 관계없는 육적이 될 수밖에 없습니다. 기도를 해도 육적으로 하나님께서 문제를 해결하여 주시기를 바라는 지극히 샤머니즘적인 기도를 합니다. 이렇게 철야를 하면서 기도해도 응답을 받지 못하는 것입니다. 알아야 할 것은 크리스천이 세상을 살아가면서 당하는 영육의 문제는 하나님의 문제입니다. 그러므로 하나님께 어떻게 해야 해결이 될 것인지 지혜를 구해야 합니다. 하나님께서 알려주시는 방법대로 순종하면 문제가 해결이 되는 것입니다. 바르게 알아야 할 것은 의지하고 맡기라는 말씀입니다. 이는 하나님의 방법(지혜)대로 순종하며 행하고 해결을 하나님께 맡기라는 뜻입니다.

다음 간증이 전형적인 사례입니다. 저는 항상 믿음 생활하기가 너무나 힘들다고 불평하며 지낸 집사입니다. 제일 힘이 드는 것이 기도였습니다. 좀처럼 기도하기가 쉽지가 않았습니다. 다른 성도들은 몇 시간씩 기도를 한다고 자랑을 하는데 저는 십 분을 하지 못했습니다. 집안에 일이 있어서 새벽기도에 가도 기도가 되지를 않아 그냥 오기 일쑤였습니다. 기도를 하지 못하니 자연히 마음이 답답해지고 조그마한 소리에도 혈기를 잘 내는 것입니다. 남편이 한 마디 하면 저는 세 마디로 대꾸를 합니다. 남편은 교회 다니는 집사가 어떻게 그렇게 혈기가 심하냐고 할 정도입니다. 저도 혈기를 내지 말아야 하겠다고 생각은 합니다.

그러나 막상 사람과의 관계에서는 절제가 되지 않았습니다. 그래서 왜 제가 기도가 되지 않고 마음이 답답하고 혈기가 심할까! 혼자 고민을 하는데 구역 예배에 갔다가 구역장이 저의 이야기를 듣고 충만한 교회를 소개하여 주었습니다. 그래서 홈페이지에 들어가서 프로그램을 보고 집회에 참석을 했습니다. 집회에 하루 참석하여 말씀을 듣고 기도하니 조금 나아지는 것 같았습니다. 다음 날 상담을 신청하여 저의 상태를 강 목사님에게 말씀을 드렸습니다. 강 목사님이 하시는 말씀이 마음의 상처로 인하여 영의 통로가 막혀서 기도도 안 되고 혈기도 심하다는 것입니다.

이런 상태로 계속 살아가다가 갱년기에 들어서면 육체의 질병과 우울증과 치매로 고생을 할 것이라고 했습니다. 육신의 건강을 위해서라도 영의 통로를 뚫고 상처를 치유해야 한다는 것입니다. 어떻게 하면 영의 통로가 뚫리느냐고 질문을 했더니 계속 참석하면서 말씀을 듣고 기도를 하면 된다고 하시면서 기도 방법을 바꾸어 보라고 하셨습니다. 그냥 숨을 들이쉬고 내쉬면서 배에서 나오는 소리로 주여! 주여! 주여! 를 계속하면 성령의 역사가 일어나 영의 통로가 자연스럽게 뚫리게 된다는 것입니다. 절대로 욕심을 부린다고 빨리 뚫리는 것이 아니니 성령께서 하라는 대로 따라가라는 것입니다. 그렇게 순종하고 기도하면 목사님이 돌아다니면서 안수하여 영의 통로가 뚫리도록 해준다는 것입니다. 그래서 순종하기로 했습니다. 무엇보다 두려운 것은 갱년기에 질병과 우울증과 치매로 고통당할 수도 있다는 말 이였습니다.

집회에 참석하여 전하는 말씀을 열심히 몰입하여 들었습니다. 말씀을 들을 때 저의 가슴이 답답해지는 것을 느꼈습니다. 그래서 나는 이상했지만 성령의 역사로 인하여 나타나는 현상이라는 것을 알았습니다. 말씀을 듣고 찬양을 부르고 기도 시간이 되었습니다. 강 목사님이 알려주신 대로 숨을 들이쉬고 내쉬면서 배에서 나오는 소리를 열심히 했습니다. 숨을 들이쉬면서 배에서 나오는 소리로 주여! 주여! 주여! 를 계속했습니다.

이렇게 기도에 몰입을 했습니다. 그러자 저에게 진동이 오기 시작을 했습니다. 손이 떨리기 시작을 하더니 온몸이 떨리는 것입니다. 그래도 기도에 몰입을 했습니다. 그러자 이제 손가락이 움츠러들고, 오그라드는 것입니다. 그러면서 제 몸이 뒤틀리는 현상이 일어나는 것입니다. 가슴이 답답해 오는 것입니다. 이제 제 의지로 무엇을 할 수가 없었습니다. 성령이 역사하는 대로 따라서 기도를 했습니다. 그러니까 제 안에서 불이 올라오는 것입니다.

아주 뜨거운 불이 올라옵니다. 온몸이 뜨거워집니다. 얼굴이 뜨거워집니다. 몸은 뒤틀립니다. 아주 정신을 차릴 수가 없이 성령이 역사를 하는 것입니다. 그러기를 한 30분 한 것 같습니다. 이제 제가 잠잠해지기 시작을 했습니다. 그러자 강 목사님이 오셔서 안수해 주셨습니다. "이렇게 뒤틀리게 했던 더러운 영은 물러갈지어다." "기침을 통해서 떠나갈지어다." 하며 명령을 했습니다. 그러자 기침이 사정없이 나오는 것입니다. 그러면서 내 속에서 방언 기도가 터져 나오는 것입니다.

그때 나에게 감동이 오기를 이제 성령의 불세례를 체험하고 영에서 나오는 방언을 하는 것이라는 것입니다. 영의 통로가 뚫렸다는 생각이 나를 주장했습니다. 너무나 감사했습니다. 그래서 계속 방언 기도를 하니 몸이 가벼워지며 머리가 상쾌해졌습니다. 너무나 좋아서 지금 두 달째 다니고 있습니다. 말로 표현 못하는 평안을 느끼고 있습니다. 성격이 유순해졌습니다. 혈기가 없어졌습니다. 기도 시간이 즐거워집니다. 저의 남편이 이제 집사 같다는 것입니다. 제가 지금 느끼는 것은 바른 신앙지도를 받으면 좀 더 빨리 깊이 있고 변화된 성도가 될 수 있다는 것입니다. 정말 하나님의 평안을 몸으로 느끼면서 삶을 살아가고 있습니다.

넷째, 기도의 대상을 바르게 알지 못하여 막연하게 기도하면 영적 정신적인 질병으로 고생한다. 예수를 믿고 교회에 다니면서 열심히 기도하고 신앙생활을 잘하는 분들 중에 50살이 넘어가면서 온몸이 다 아프다고 하시는 분들이 있습니다. 심지어는 자신이 다니는 교회 목사님이 신유 은사가 있어 안수를 받고 치유를 받아도 치유가 되지 않는 다고 하소연을 합니다. 몸이 아픈 다른 사람들은 목사님의 안수를 받고 치유가 되었다고 하는데 자신은 치유되지 않는 다는 것입니다. 왜 이렇게 온몸이 아프냐는 것입니다.

기도가 바르지 못하여 성령의 역사가 일어나지 않으니 마음의 상처가 치유되지 않아서 생기는 것입니다. 간단하게 마음의 상처가 쌓였기 때문입니다. 상처를 말씀과 성령으로 기도하여 심령을 치유하여 배출을 했어야 하는데 그냥 지내다가 보니까 온몸에 퍼진 것입니다. 세상 한의학에서는 몸에 독이 싸여있다고 합니다. 사람의 몸에 독이 싸이는 원인 제공자는 스트레스, 환경의 영향, 음식이라고 합니다. 사람의 몸에 독소가 싸인 것을 구분할 때 6단계로 구분을 합니다. 1-2단계는 피곤하고 졸리는 것입니다. 3-4단계는 소화기관에 문제가 생깁니다. 소화가 잘 안되고 배변이 잘되지 않습니다. 조그마한 일에도 짜증을 잘 내게 됩니다. 5-6단계는 성인 질병으로 나타납니다. 심장병, 당뇨병, 고혈압, 각종 암으로 나타납니다.

문제는 어떻게 치유하느냐 입니다. 우리는 예수를 믿음으로 치유 받기가 쉽습니다. 먼저 성령으로 세례를 받아야 합니다. 성령으로 세례 받고 성령으로 기도하면서 마음의 상처를 치유해야 합니다. 예수님을 믿고 죽고 예수님으로 다시 태어나 성령의 인도를 받으면서 예수님의 인생을 살게 되면 성령께서 마음 안에 오셔서 내면의 상처를 뒤집어서 밖으로 배출하면서 신적인 사람으로 바꾸시기 때문입니다. 반드시 내적인 상처를 치유하는데 이성적인 치유가 아니라 영적인 치유를 받아야 합니다. 지금 교계에는 이성적인 내적 치유를 하는 곳이 많습니다. 이성적인 치유를 받으면 근원이 치유되지 않습니다. 영적인 치유란 성령께서 하시는 치유로서 상처를 드러내어 밖으로 배출하는 것입니다. 배출은 기침이나 하품, 토함, 트림, 울음, 재채기 등등을 통해서 몸 안에 쌓여있는 상처(사기)를 배출해야 합니다. 상당한 기간 동안 지속적으로 상처를 밖으로 배출해야 합니다. 배출해야 하나님과 같은 신적인 사람이 되어가는 것입니다. 시간이 걸리는 일입니다. 절대로 단기간에 되지 않습니다. 마음을 느긋하게 먹어야 합니다. 그래야 성령으로 기도할 수가 있고 성령님이 마음 속의 잠재의식을 성령께서 정화하십니다.

하나님은 영이십니다. 그렇기 때문에 하나님과 일치가 되기 위해서는 자신을 영적인 상태로 만들어야 합니다. 자신이 영적이 되고 자신의 내면의 영성이 살아나면 자연히 기도가 됩니다. 기도를 입으로 하려고 하지 말고, 기도가 심령에서 나오게 하십시오.

우리는 먼저 기도를 시작 하려고 합니다. 그렇기 때문에 가장 자신을 먼저 표현하는 말로 기도를 시작합니다. 기도를 하면서 다음은 무슨 말로 기도를 할까 하는 생각이 기도를 지배합니다. 그러기 때문에 참다운 영의 기도를 드리지 못하는 것입니다. 기도를 하려고 기도를 시작하지 마십시오. 성령의 역사로 영성이 자신의 내

부에서 일어나면 자연히 기도는 나오게 됩니다. 기도는 성령으로 드려야 합니다. 기도는 가능한 육과 혼을 잠재워야 하며, 그럴 때 영성은 일어나게 됩니다. 그래야 잠재의식에 상처나 스트레스가 쌓이지 않습니다.

저는 항상 강조하는 것이 성도는 상처를 마음과 육체에 쌓이게 하지 말아야 한다고 합니다. 미리미리 예방 신앙을 하라는 것입니다. 자기 몸에 이상증세가 나타난 다음에 치유 받으려고 하면 그만큼 시간이 오래 걸리게 됩니다. 그래서 성령으로 세례를 받고 성령으로 깊은 기도를 해야 합니다. 주일을 잘 활용해야 합니다. 주일날 성령이 충만한 예배를 드리면서 치유 받는 것입니다. 하나님께 예배도 드리고, 성령 충만도 받고, 말씀으로 영도 깨우고, 말씀과 성령으로 내적인 상처를 치유 받는 것입니다.

5장 자신의 기도가 어떤 기도인가 진단하여 바꾸게 되지요.

　깊은 기도하며 마음 안에 들어가 하나님께서 숨겨두신 권능과 지혜와 보물을 찾아내려면 자신의 기도를 진단하고 고쳐서 성령으로 해야 합니다. 하나님은 신이십니다. 신이신 하나님과 사람이 교통하려면 인간적인 상태로는 신이신 하나님과 교통할 수가 없습니다. 반드시 예수님을 믿으면서 죽고 다시 사신 예수님으로 태어나 성령의 인도를 받으면서 예수님의 인생을 살면서 성령으로 세례를 받고 성령으로 충만하여 하나님과 같은 신적인 상태가 되어야만 신이신 하나님과 교통할 수가 있는 것입니다. 그래서 기도는 성령의 인도 하에 성령으로 해야 하나님이 들으시고 응답을 하실 수가 있는 것입니다. 그래서 성경은 (요 6:63)"살리는 것은 영이니 육은 무익하니라 내가 너희에게 이른 말은 영이요 생명이라." 고 말하는 것입니다. 그러므로 우리가 하나님이 응답하시는 기도를 하려면 반드시 성령의 인도 하에 신적인 상태에서 기도를 해야 되는 것입니다. 그래서 기도는 아무렇게나 하는 것이 아니고 반드시 신적인 원칙을 가지고 기도하도록 이론과 훈련을 받아야 합니다. 그리고 내가 바르게 기도하고 있는지 아닌지를 말씀과 성령으로 분별하여 잘못되었으면 고쳐나가야 합니다. 기도는 영적인 활동입니다. 어떻게 기도하느냐에 따라 성령도 역사할 수가 있고, 귀신도 역사 할 수가 있는 것입니다. 왜냐하면 세상 사람들도 자신의 육체적인 욕심을 이루기 위해서 돌무더기 앞에서 손비 비며 기도합니다. 이때 누가 찾아오겠습니다. 두말할 필요 없이 인간의 옛 주인 귀신이 찾아오는 것입니다. 이는 성도의 기도도 마찬가지입니다. 성도가 육신적인 만족을 얻기 위하여 육신적인 상태에서 기도하면 성도도 육신이 있기 때문에 귀신이 찾아 올 수가 있는 것입니다. 왜냐하면 우리의 옛 사람은 귀신이 주인이었기 때문에 우리가 육체가 되어 기도한다면 귀신이 오지 말라고 해도 자동으로 찾아오는 것입니다. 그래서 기도는 바르게 성령의 인도 하에 영으로 해야 하는 것입니다. 제가 지금까지 성령치유 사역을 하면서 임상적으로 경험한 바로는 본인들의 믿음은 좋았고 나름대로 기도를 열심히 한다고 하는 데 성령으로 바르게 하지 못하니, 기도를 하는 만큼 심령이 성령으로 충만하지 못하고, 심성이 변하지 않는다는 것입니다. 저는 단언합니다. 성도가 성령의 인도 하에 성령으로 기도하면 성령으로 충만해지기 때문에 심성이 변한다는 것입니다. 가만히 마음으로 기도하시면서 책을 읽으며 자신의 기도를 진단하여 보시기를 바랍니다.

첫째, 자신의 기도가 어떤 기도인지 진단하라. 성령으로 자신이 어떤 기도를 하고 있는 지 말씀과 성령으로 기도하는 자신의 영적인 상태를 바르게 진단해 보시기를 바랍니다. 기도는 심령에 초자연적인 능력이 나타나기 때문에 기도하는 마음이 어떤 상태에 있는 야에 따라 결과는 엄청나게 달라집니다. 기도는 신적인 활동입니다. 신에는 성령도 계시고 귀신도 있습니다. 그러므로 우리가 어떻게 기도하느냐에 따라 귀신도 올 수가 있고 성령님도 임재 하실 수가 있는 것입니다. 그래서 기도는 중요합니다. 기도는 우리의 영 안에 계신 성령으로 해야 되는 것입니다.

1) 영이 막혀있는 기도. 기도는 성령과 더불어 기도하는 것인데 오늘 초신자들에게 무조건 기도하면 만사가 해결된다고 하면서 무조건 기도하라고 합니다. 기도가 무엇이라는 것을 제대로 안다면 무턱대고 기도하라고 하지 않을 것입니다. 초신자들이란 신학적으로는 예수를 믿어서 거듭났다고 입심 좋게 말할 수 있을는지 모르지만, 이러한 육성적으로 심령이 막혀 있는 영적 상태는 아직도 불신의 영의 압박에서 벗어나지 못하고 있어 성령의 인도를 받는 영의 기도를 할 수가 없는 것입니다. 기도하고 싶은 마음은 있지만, 기도할 수가 없고, 기도가 되지 않는 것입니다. 왜요, 성령으로 세례를 받지 않아 성령의 인도를 받지 못하여 마음이 막혀있고, 영이 막혀 있는 자에게 기도하라고, 수천번 말해 본들 기도 할 수도 없고, 기도하고 싶은 마음이 생기지 않는 법입니다. 답답한 심령으로 문제에 눌려 있는 자들에게 기도를 하란다고 기도 할 수 있는 것이 기도가 아닙니다. 오히려 역효과만 초래하게 됩니다. 필자도 초신자 때 소리 내어 기도를 하지 못해서 수요일과 금요 철야에 가지 않은 경험이 있습니다. 그래서 기도를 인도하는 분들은 통성 기도를 하지 못하는 성도들을 위하여 통성 기도를 못하는 분들은 이렇게 기도하라고 알려주고 하는 것이 좋습니다. 필자의 경우는

통성 기도를 못하시는 분들은 숨을 들이쉬고 내쉬면서 주여! 를 하라고 알려주고 통성기도를 인도합니다. 성령으로 하지 않는 기도는 하나님을 만나는 기도가 아닙니다. 오히려 인간의 육성으로 기도를 하게 되니 귀신이 달려들지도 모르는 일입니다. 그러므로 기도는 목회자가 먼저 바르게 훈련하여 숙달하고 성도들이 바르게 기도를 하도록 가르쳐야 하고 바르게 훈련해야 합니다.

2) 마음에 없는 기도. 기도할 때 억지로 마음에도 없는 기도를 하거나 마지못해서 기도하면 기도가 되지 않고 영은 방황하며, 성령의 임재 안에 들어가지를 못하게 되고, 기도는 힘들고 성전 뜰만 밟다가 돌아오게 됩니다. 그러한 기도는 기도 시간이 지루하게 느껴지고 자신의 힘으로 기도하기 때문에 기도가 힘이 들며 기도를 통하여 능력을 받지도 못합니다. 또 영감이나 말씀은 커녕 오히려 내면에 도사리고 있는 공중 권세 잡은 자들이나 어둠의 주관자들이나 정사나 권세를 만나게 되어 생명과 말씀이나 응답을 도적질 당하거나 강도질 당하게 됩니다. 주인이신 하나님께 고침을 받고자 하는 마음과 하나님께 영광을 돌리고자 하는 마음의 자세가 먼저 되어야 합니다. 그래야 마음이 열리고 성령의 이끌림을 받는 기도를 할 수 있는 것입니다. 절대로 기도는 성령의 이끌림을 받는 영의 기도를 해야 합니다. 그래야 기도를 통하여 심령이 변하고 응답도 받을 수가 있는 것입니다.

3) 자의적인 인간적인 기도. 성령과 더불어 기도하지 않는 자의적인 기도는 하나님을 만나지 못하는 기도로서 엄격한 의미에서

인간의 수양이나 욕구 분출에 불과 하거나 자의적인 위안에 불과 하기 때문에 성경에서는 성전 뜰에서의 기도는 육체의 기도이기 때문에 응답하지 않는 다고 말하고 있는 것입니다. 그러므로 기도 할 바를 모르면 하나님의 뜻을 알게 해달라고 먼저 하나님의 뜻을 구하여야 하는데, 하나님의 뜻대로 구하지 아니하는 자의적인 기도는 육성 적으로 흐르기 때문에 위험합니다. 인간적인 기도는 위험이 따르지 않다고 생각할지 모르지만 인간적인 생각 속에서 귀신이 역사하고 있는 영적 원리를 헤아려야 합니다. 베드로는 예수님의 말씀을 마귀의 생각으로 해석하여 주님에게 질책을 당합니다(마16:23). 고로, 하나님의 뜻 영적인 만족에 목적을 두고 성령으로 기도를 하시기를 바랍니다.

4) 정욕 적인 기도. 사람은 육적이면서 영적인 존재이므로 자신이 무엇을 바라고 기도하느냐에 따라서 그 대상의 영이 침입합니다. 그러므로 우리의 기도는 예수님을 부르면서 하나님의 영광에 목적을 두고 기도해야 합니다. 그래서 기도는 인간의 영적 혼적 육신적 모든 전인격적인 요소가 하나님의 속성을 지니지 않은 상태에서 기도한다는 것은 결국은 사단을 자신도 모르게 침입할 틈을 제공하게 되는 것입니다. 사단의 속성은 전신 갑주로 무장해도 공격하고 넘어뜨리려고 합니다. 그런데도 이와 같이 틈을 열어놓고 기도하는데 공격하지 않는다고 생각하는 것은 광명의 천사로 가장하고 말씀을 가지고, 공격하는 사단의 교묘한 술책을 헤아리지 못하고 있는 무지의 소치입니다. 신비하고 신령한 하나님이지만

진정 없이 신령한 상태에서만 기도한다든지 하나님의 뜻과는 상관없는 자기의 소원만을 구하는 인간적인 기도하든지 정욕 적으로 기도하는 것은 사단이 침입하게 됩니다.

그래서 주님은 (마6:24) "한 사람이 두 주인을 섬기지 못할 것이니 혹 이를 미워하고 저를 사랑하거나 혹 이를 중히 여기고 저를 경히 여김이라 너희가 하나님과 재물을 겸하여 섬기지 못하느니라" 고 말씀하고 계십니다.

5) 의식 없는 기도. 성령의 역사는 인간의 동의를 얻어 역사하는 것이 영적 원리입니다. 하나님께 순종하거나 말씀을 받아드리지 않는 자에게는 억지로 역사하지 않습니다. 그러나 사단의 역사는 인간의 동의 없이 강권적으로도 침입을 합니다. 여기에서도 기도의 위험한 영적 요소를 헤아려 볼 수 있습니다.

인간의 동의를 얻는 다는 의미는 인간의 지정의의 전인격이 순종하는 것을 의미하기 때문에 기도할 때 이성이나 감정이나 의지가 있어야 하는데 의식 없이 하는 형태의 무의식 상태에 가까운 말씀의 속성과 성령의 인도를 떠난 방언 기도나, 멍멍한 상태나, 관상기도나, 중언부언하는 기도나, 졸면서 하는 기도나, 습관적인 기도나, 생각 없이하는 기도 등은 귀신이 침입할 수 있는 여지가 있는 위험한 기도입니다.

기도는 영의 활동입니다. 사람은 마음 안에 영이 있습니다. 그래서 마음을 열어라, 마음을 열어라 하는 것입니다. 마음을 열어야 마음 안에서 성령의 활동이 일어나기 때문입니다. 그런데 일부 성도들은 마음 안에 있는 영이 상처로 인하여 눌려있는 상태입니다. 상처 뒤에는 귀신이 웅크리고 있습니다. 귀신은 어떻게 하든지 사람의 영을 압박하여 충만하지 못하게 하려고 합니다. 그러기 때문에 영안에 있는 성령의 역사가 밖으로 표출되지 못하는 것입니다. 이런 분들은 기도를 하면 영 안에 있는 성령의 역사로 상처가 목에까지 올라오게 됩니다. 그러나 밖으로 떠나가지는 않습니다. 왜냐하면 상처 뒤에는 귀신이 있기 때문입니다. 제가 하는 이 이야기는 나중에 체험해 보면 이해가 될 것입니다. 그래서 기도를 하면 가슴이 답답한 것이 조금 시원해집니다. 그러다가 기도를 쉬면 또 상처가 아래로 내려가면서 영을 압박합니다. 그러니 또 가슴이 답답한 것입니다. 그래서 또 기도하면 마음이 조금 시원해집니다. 이런 활동이 연속적으로 계속 일어나기 때문에 일부 기도를 많이 하는 성도들이 신경이 예민하여 지는 것입니다. 그래서 조그마한 소리에도 참아내지 못하고 혈기를 내는 것입니다. 왜냐하면 이 성도는 예수를 믿고 기도를 열심히 해도 아직 전인격이 성령으로 사로잡히지 않았기 때문에 우리의 생명(혼)에 역사하는 귀신이 떠나 간 것이 아니기 때문입니다. 그래서 사람은 약합니다. 생명(혼)을 가지고 있기 때문입니다. 그럼 이 성도가 언제 변하게 되느냐, 마치 사울이 다메섹 도상에서 예수님을 만나 눈이 멀어 식음을 전폐하고 삼 일 동안 눈이 안보여 고생하다가 성령으로 세례를 받아 성령이 충만한 '아나니아'가 가서 안수할 때 눈에 비늘 같은 것이 벗어지고 보게 되고 음식을 먹고 변화되어, 그 시로 주는 그리스도시라고 증거 하며 돌아다닌 것같이, 성령으로 세례를 받고 성령으로 충만한 사람으로부터 안수를 받는 다든지, 주여! 하면서 부르짖는 기도를 하면서 불같은 성령으로 세례를 받고 성령으로 충만하여 올라 갔다가 내려 갔다가 하는 상처가 기침이나 토함이나 울음이나 하품 등으로 빠져나가기 시작하면 변화가 오기 시작하는 것입니다. 이런 체험을 한 분들의 다수가 몸에 힘이 쭉 빠져서 며칠 동안 힘이 없는 체험을 하기도 합니다. 그런데 심령은 변하여 혈기가 없어지고 마음에 참 평안을 찾으며 성령으로 기도를 하게 됩니다. 방언 기도를 하던 분들도 이런 체험을 하고 난 다음에 방언 기도의 소리가 달라지는 경우도 있습니다. 이는 그 성도의 속에서 역사하던 상처가 떠나가고 성령이 장악을 하니, 성령으로 변화되기 시작하는 것입니다. 성도의 마음은 말씀과 성령의 역사가 변화 시키는 것입니다. 아무리 자기가 변화되겠다고 마음을 먹어도 성령의 역사가 일어나지 않으면 변화되지 않습니다. 왜냐하면 인본주의에는 귀신이 역사하기 때문입니다. 귀신은 사람이 이길 수가 없습니다. 그래서 성령 충만한 사역자의 안수기도와 불같은 성령세례가 필요한 것입니다. 저는 단언 합니다. 성도가 바른 영의 말씀과 불같은 성령으로 세례를 받으면서 심령을 치유하고, 성령의 인도를 받으며 성령으로 바르게 기도만 된다면 모두 성격이 예수님의 성격으로 변하게 됩니다. 그리고 삶에서 성령의 열매를 맺으면서 살아갈 수가 있습니다. 저는 지금까지 성령 치유 사역을 하면서 많은 분들이 이렇게 변화되는 것을 체험하며 사역을 하고 있습니다. 기도는 꼭 성령의 이끌림을 받으면서 성령으로 해야 합니다. 그래야 성령으로 충만해지고 심령도 유들유들한 예수님의 성품으로 변화되는 것입니다.

보다 중요한 것은 기도하는 대상이 하나님이며 하나님을 만나야 하기 때문에 기도하는 방법이 중요합니다. 무당들이 귀신을 만나는 것도 아무렇게나 기도하지 않는 데, 어찌 그리스도인이 기도하는데 아무렇게나 기도한다고 하나님을 만나겠습니까? 하나님께 나아가는 길은 예수를 믿는 사람이 성령 안에서 깊이 몰입되어야 하지만, 예수님의 말씀 없이 몰입하는 기도는 하나님 아닌 다른 세상 신을 만나게 될 수 있습니다. 그래서 이를 구분하고 이에 대한 영적 원리와 감각적인 차이와 실제적인 차이를 이해하고 분별하여야 합니다.

성령으로 기도하면 심령에 초자연적인 능력을 갖게 됩니다. 그러나 말씀 없이 육성적으로 기도하거나 마음의 욕망이 지나치거나 한이 있는 기도는 위험합니다. 이러한 상태로 기도하면 기도할수록 심령이 강퍅해지기 때문에 말씀을 갖지 못한 기도 꾼들이 이러한 강퍅한 심령에 하나님께로 오는 능력이 아닌 세상 신의 신령한 능력이 나타나게 되어, 이것이 하나님으로부터 발원한 것으로 잘못 알고, 교만해지고 양신 역사를 하게 되고 말씀보다 신비를 쫓게 됩니다. 말씀보다도 신비한 체험을 중요시 할 수 있다는 말입니다. 하나님은 제가 영적 사역을 장기간 하다가 보니, 이러한 무속인들과 다름없는 기도원 사역자들이나 기도 꾼들이 양신 역사를 하는 것을 많이 보게 되었고, 순진한 성도들이 이런 엉터리 사역자들에게 기도를 잘못 배워서, 기도가 잘 못 되어가는 그 원인을 보게 하시고, 말씀 없이 기도하는 것의 위험을 경고하도록, 이 기도의 영적 원리를 알게 하셨고, 기도에 대하여 주신 이 말씀을 증거하고 기록하고 있는 것입니다. 더구나 기도는 영적 투쟁인데 기도가 왜 영적 투쟁이라 하는지 그 의미를 먼저 알아야 합니다. 수많은 그리스도인들이 기도하는 법을 제대로 배우지 못해 귀신에게 사로잡히거나 귀신들에게 조종당하고 있는 모습을 너무나 많이 보게 하셨습니다.

둘째, 성령의 인도를 받는 신령한 기도를 하라. 깊은 기도는 분명하게 성령의 인도를 받으면서 해야합니다.

1) 성령과 더불어 하는 기도. 자신의 필요나 희망이나 소원이나 뜻을 이루기 위한 기도를 주로 하는데 이것은 어디까지나 인간이 필요한 것을 간구하는 '간구'라는 것입니다. 기도는 자신의 생각이나 마음을 따라서 자신이 원하는 것을 가지고 하는 것이 아닙니다. 예수님을 부르면서 성령 안에 깊이 몰입되어 성령의 인도하심 따라 성령과 더불어 하는 것이지 사람이 혼자서 자신의 욕심과 생각으로 하는 것이 아닙니다. 하늘과 땅을 오르락내리락하는 천사의 영과 성령으로 발원한 기도의 영이 우리의 빌 바를 하나님 앞에 아뢰는 것입니다. 그래서 성도는 무엇보다도 성령으로 기도할 수 있도록 기도의 영이 와야 합니다.

2) 하나님을 만나는 기도. 기도는 하나님 존전에 나아가는 길인데 기도하는 성도들이 어떻게 하나님 존전에 나아가는 지도 알지 못하는데, 어찌 바른 기도를 할 수 있겠습니까? 하나님 존전에 나아가는 방법을 구약에서 가르쳐주고 예수님도 가르쳐 주고 계십니다. 자신의 죄를 씻어내지 못하고서는 하나님 앞에 나아 갈 수가 없습니다. 구약에는 짐승을 잡아 피의 번제를 드리고 하나님의 존전으로 나갔습니다. 교회 시대에는 예수 그리스도가 십자가에서 피를 흘리고 죽었기 때문에 피의 공로로 하나님 앞에 나갈 수 있는 것입니다. 예수님을 믿고 성령으로 거듭나야 하나님께 기도할 수가 있는 것입니다. 기독교가 다른 종교와 다른 것은 예수님을 통하여 죄를 용서받을 수 있어 하나님 앞에 나아 갈 수 있는 길이 열려 있다는 것이 다릅니다.

또한 기도는 하나님을 만나야 하는데 하나님을 만나기 위해서는 성령으로 거듭난 초자연적이고도 신령 적인 요소가 있어야 하지만, 이 신령한 요소만으로는 하나님을 만날 수가 없고, 예수 이름이라는 하나님의 인격적인 요소가 있어야 합니다. 인격적인 하나님을 만나야 하는데, 하나님을 신령한 초자연적인 속성과 능력의 하나님만을 생각하면 위험합니다. 그 신적인 요소 속에는 하나님도 계시지만 사단이 있기 때문입니다. 사단도 기적과 이적을 일으키기 때문입니다. 이는 애굽의 술사들을 보면 알 수 있습니다(출 7:9-12). 신령한 영적 상태와 조건도 되어야 하지만 진정한 마음이 있어야 합니다. 이 진정은 하나님의 속성의 하나이며 예수 그리스도를 통하여 죄와 허물의 사함을 받고 육성을 탈피한 은혜로운 마음에서 나오는 것입니다.

　3) 예수 이름으로 하는 기도. 먼저 무조건 기도하라고 말할 것이 아니라, 기도가 무엇이라는 것부터 가르쳐야 하고 기도하는 방법부터 알려주고 가르쳐야 할 것입니다. 그러므로 기도할 수 있는 사람이 되도록 먼저 심령에 성령의 빛을 비추어 주어야 합니다. 답답하고 어둠에 눌려있는 심령과 무지의 어둠에 갇혀있는 심령에 성령이 먼저 들어가서 자신의 심령이 죄라는 어둠과 무지에 갇혀있는 자신을 발견할 수 있는 빛의 속성을 가진 말씀이 먼저 비추어져야 합니다. 먼저 예수를 믿고 불같은 성령으로 세례를 받고 성령으로 충만하게 하여 마음 안에 영의 통로가 열려야 합니다.

　깊은 기도를 가르치려면 예수 이름을 통하여 하나님께 나아갈 수 있다는 기록된 말씀부터 먼저 주어야 합니다. 이 빛이, 이 말씀이 듣는 자의 심령 속에서 깨달아지기 시작하면 이 빛이 더 밝게 빛나야, 영이 지각하고 이의 필요성이 일어나야 됩니다. 이것이 바로 애통하는 마음의 시작입니다. 이 마음이 시작되어야 기도에 대한 필요성을 지각하고 기도할 수 있는 마음이 되어 집니다. 그러나 예수님 없이 기도하면 이것은 하나님께 기도하게 되지 않고, 인간적인 욕구를 구하는 기도가 되거나, 하나님 아니 다른 존재에게 기도할 수 있게 되는 위험이 있습니다. 하와가 선악과를 자꾸 보며 사모하니까 마귀가 하와를 속인 것과 마찬가지로 귀신이 원하는 것을 가지고 나타날 수 있습니다. 하나님께 기도는 예수를 믿고 죽고 예수로 다시 태어나 성령의 인도를 받으며 예수님의 인생을 살아가는 의인이 예수 이름으로 하나님께 기도할 수가 있습니다. 반드시 예수님의 이름으로 기도해야 합니다. 그래서 사모하고 기도하는 대상이 중요합니다. 하나님께 대한 기도의 영은 예수님 없이 역사하지 않습니다. 그러나 알지 못하는 신에게 기도하는 것은 예수님 없이 역사합니다. 그러므로 예수님 없이 기도하는 것은 그리스도인의 기도가 아닙니다. 항상 영의 활동이나 은사 활동은 예수님 안에서 일어나야 합니다.

예수님 없이 성령의 인도 없이 기도하는 것은 무속인의 기도와 다를 바가 없습니다. 기도하는 자는 예수님을 주인으로 모셔야 합니다. 성령의 인도를 받아야 합니다. 그리스도인도 예수님 없이 기도 할 수도 있습니다. 그러나 예수님 없이 기도하는 것은 그리스도인들이 하는 기도가 아닙니다. 자신의 인간적인 생각이나 말로 기도하면 하나님께서 들으실 수가 없습니다. 신이신 하나님과 상관이 없는 육적이고 인간적인 기도이기 때문입니다. 예수 이름으로 기도해야 하고 성령께서 깨닫게 하시는 말씀과 함께하는 기도의 영이 임하여 기도를 통하여 하나님을 만나는 것입니다.

성령 안에서 예수 이름으로 기도하시면 말씀 하나님이 우리에게 나타나시는 날 어제나 오늘이나 동일하셔서 살아서 말씀하시고 계시하시는 산 하나님을 그대로 볼 것이며 성경이 열리고 말씀이 열리고 하늘이 열릴 것입니다. 마음 안에 권능과 지혜와 보물을 찾아내게 되는 것입니다.

2부 깊은 기도로 마음 안에 보물을 찾는 기도의 준비

6장 깊은 기도로 보물을 찾으려면 이렇게 해야 하지요.

하나님께서는 사람의 마음 안에 보물을 숨겨두셨습니다. 이 보물은 반드시 예수를 믿고 죽고 다시 사신 예수님으로 태어나 성령으로 세례를 받고 성령의 지배와 장악을 받으며 예수님의 인생을 사는 사람이 성령의 인도를 받아야 마음속에 숨어있는 보물을 찾아 낼 수가 있습니다. 예수를 믿고 성령으로 세례를 받고 성령의 불을 받으면서 성령의 지배와 장악을 당해야 예수님의 은혜로 마음 안에서 권능과 지혜를 받으며 살아갈 수가 있습니다. 마음 속의 권능과 지혜는 예수님을 믿으면서 옛사람, 아담은 죽고 다시 하나님의 자녀인 예수님으로 태어나야 가능하기 때문입니다. 많은 목회자와 성도들이 성령의 역사가 보이지 않으니 이론으로 알고 있으면 다 되는 것으로 알고 있습니다. 그래서 일부 목회자들이 '성령체험'과 '성령 세례'와 '성령 충만'을 혼용해서 사용하고 있습니다. 이러한 혼동은 바르지 못한 구원 관에서 비롯되었다고 생각합니다. 마음 안에 보물을 가지고 행복한 삶을 살아가기 위하여 '성령체험'과 '성령 세례'와 '성령 충만'이 무엇인지 분명히 제시하고자 합니다.

첫째, 성령 체험이란 무엇인가? 성령체험이란 성령 하나님을 맞보기로 체험하는 것을 말합니다. 성령님은 보이지 않지만 살아계신 분이시구나, 성령을 체험하니 몸과 마음에 실제로 느낄 수가 있구나, 하나님은 보이지는 않지만 살아서 역사하는 분이시구나 체험적으로 온몸으로 깨달아 아는 것입니다. 성령 체험은 성령님에 대하여 맛만 보는 것입니다. 성령 체험했다고 다되었다고 생각하면 체험적인 신앙생활이 되지 못합니다. 성령 체험은 그저 몸으로 성령 하나님을 느끼는 정도이기 때문입니다. 그래서 성령 체험을 했어도 성령님이 온전하게 영향력을 발휘하지 못하십니다. 성령의 세례와 성령의 불세례, 성령의 충만으로 이어지는 신앙생활이 되어야 성령의 지배를 받는 것입니다. 성령께서 영적-정신적-육체의 질병을 예방하도록 역사하시기 때문입니다.

둘째, '성령 세례'란 무엇인가? 성령세례는 예수를 믿을 때 임재하신 성령께서 성도의 전인격을 순간 지배하시는 것을 말합니다. 성령의 역사를 몸과 마음으로 느끼고 체험하는 실제적인 역사입니다. 필자는 성령세례는 자신 안에 주인으로 오신 성령께서 폭발하여 자신의 전인격이 느끼고 체험하게 하시는 사건이라는 것입니다. 성령은 본인이 직접 체험해야 깨닫게 됩니다. 많은 사람들이 단지 예수님을 주인으로 영접하는 신앙을 고백한다는 사실 하나만으로 이미 성령을 받은 것이라고 자신 있게 주장합니다. 그러나 이러한 주장에는 성경 적인 근거가 전혀 없습니다. 진실한 믿음이 없어도 얼마든지 신앙을 고백을 할 수 있습니다. 마음의 진실은 오직 하나님만이 정확하게 판단하실 수 있으십니다.

첫째로 성령의 세례를 받아야 '영혼의 구원'을 받을 수 있다. 성령의 세례를 받으면 무엇보다도 영혼과 양심이 정결하게 됩니다. 성령님이 지배하고 장악하기 때문입니다. 성령의 세례를 받았다 하면서 여전히 죄와 욕심 가운데 행하고 있다면, 그 사람은 거짓말을 하고 있거나 심각한 착각 속에서 살고 있는 것입니다. 성령 세례란 영광의 성령께서 구원해 주시는 영으로서 한 영혼에게 '최초로 찾아오시는 사건'을 가리킵니다. 성령의 세례를 받아야 그때부터 영혼이 온전히 거듭나고 구원받게 됩니다. 성령의 세례를 받지 못하면 하나님 나라에 들어갈 수 없습니다. "하나님의 성령을 근심하게 하지 말라 그 안에서 너희가 구원의 날까지 인치심을 받았느니라."(엡 4:30). 세례요한이 성령의 세례를 증거 할 때의 상황을 유심히 살펴보기 바랍니다(마3:11-12). 세례요한은 '회개를 이루기 위하여' 물로 세례를 주지만, 예수님께서는 성령과 불로 세례를 주신다고 증거 하였습니다. 세례요한은 '세례의 목적'을 분명히 제시한 것입니다.

물세례 가지고는 이러한 목적을 온전히 성취할 수 없었습니다. 물세례는 지정된 사람이 집례 하는 것입니다. 물세례는 사람의 것만 씻는 것이기 때문입니다. 반대로 성령세례는 예수를 영접할 때 자신 안에 주인으로 들어오신 예수님이 주시는 세례로서 성령으로 자신의 전인격을 실제적으로 지배하시는 역사입니다. 그렇기 때문에 물세례와 성령세례는 전적으로 비교되지 않는 영적인 역사입니다. 예수님께서 성령으로 세례를 주실 때 하나님의 사람으로 거듭나는 다시 태어나는 것입니다.

둘째로 성령의 세례를 받아야 주님의 몸 된 교회의 참된 지체가 될 수 있다. 성령의 세례를 받아야만 죄와 마귀로부터 구원을 받을 수 있고 참된 하나님의 자녀가 될 수 있습니다. 이성과 육체에 역사하는 마귀, 귀신이 떠나가야 하나님의 사람으로 다시 태어나는 것입니다. 성령의 역사가 일어나 하나님의 나라가 되어야 자신 안에 역사하는 세상 신이 물러가기 시작하는 것입니다. 하나님께서 영이시며 초자연적으로 역사하시기 때문입니다. 성령세례를 받음으로 영이신 하나님을 깨달아 알아가는 것입니다. 그렇다면 과연 누가 예수 그리스도의 몸 된 교회의 참된 일원이라 할 수 있겠습니까? 성령을 받은 사람만이 교회의 참된 지체가 될 수 있습니다. "우리가 유대인이나 헬라인이나 종이나 자유자나 다 한 성령으로 세례를 받아 한 몸이 되었고 또 다 한 성령을 마시게 하셨느니라."(고전12:13).

교회란 어떤 곳입니까? 교회는 그리스도의 몸이요, 그리스도는 몸 된 교회의 머리가 되십니다. "하나님의 성전과 우상이 어찌 일치가 되리요, 우리는 살아 계신 하나님의 성전이라(고후6:16)" "너희가 하나님의 성전인 것과 하나님의 성령이 너희 안에 거하시는 것을 알지 못하느뇨(고전3:16)" 성도 한 사람 한 사람은 그리스도의 몸이며 교회의 각 지체들입니다. 성령으로 세례를 받고 성령으로 거듭나야 깊은 기도할 때 성령의 인도로 마음 안에 들어가 하나님께서 숨겨두신 보물을 찾을 수가 있는 것입니다. 마음 안에는 삼위일체 하나님께서 계시기 때문에 반드시 성령의 인도를 받아야 마음 안에 들어갈 수가 있는 것입니다.

그러므로 성도 한 사람 한 사람은 머리 되신 그리스도의 뜻을 즐거이 순종하는 사람들이어야 하기 때문에 반드시 성령의 세례를 받고 성령의 인도를 받아야 합니다. 다시 말하면, 성도 한 사람 한 사람은 그리스도의 성품과 긴밀하게 일체화된 사람이 되어야 한다는 뜻입니다. 성도는 그리스도의 성품 속으로 일체화되어 들어 온 사람입니다. 이것이 가능할 수 있게 해주는 것이 영이신 예수님이 직접 행하시는 성령의 세례입니다.

성령의 세례를 받을 때에 진정으로 하나님의 뜻을 즐거워할 수 있게 되고, 하나님의 뜻을 실제로 온전히 이루는 삶을 살 수 있게 됩니다. 성령의 세례를 받을 때에 하나님 아버지의 본질(本質, 本性, Nature) 속으로 들어오게 되는 것입니다. 보이지 않는 살아계신 성령님이 성도를 지배하십니다. 한 성령을 마신 성도들이 모인 교회야말로 참된 교회라 할 수 있는 것입니다.

셋째로 성령 세례는 신약의 성도에게 약속해 주신 하나님의 가장 크고 놀라운 선물입니다. 예수께서 대답하여 가라사대 "이 물을 먹는 자마다 다시 목마르려니와 내가 주는 물을 먹는 자는 영원히 목마르지 아니하리니 나의 주는 물은 '그 속에서 영생하도록 솟아나는 샘물'이 되리라."(요4:13-14).

명절 끝 날 곧 큰 날에 예수께서 서서 외쳐 가라사대 "누구든지 목마르거든 내게로 와서 마시라! 나를 믿는 자는 성경에 이름과 같이 그 배에서 '생수의 강'이 흘러나리라!"하시니 이는 그를 믿는 자의 받을 성령을 가리켜 말씀하신 것이라(요7:37~39). 성령의 세례를 받아야 내면에서 성령으로 성화(거룩함)가 일어나고 성령의 내주가 시작되고 인침이 이루어집니다. 즉 지금까지 자신을 주장하던 세상 귀신이 떠나가기 시작하는 것입니다. 성령의 세례를 받음이 없이 그리스도와 연합할 수도 없으며 성령의 보증을 얻을 수도 없습니다. 예수님의 인격으로 변화될 수도 없는 것입니다. 마음의 상처나 질병이나 정신적인 문제가 성령세례를 받음과 동시에 치유되기 시작하는 것입니다. 성령의 역사는 마음의 상처나 질병이나 정신적인 문제보다 한 차원 강한 역사이기 때문입니다.

성령의 세례를 이렇게 깨달을 수가 있습니다. 성령의 세례는 요한복음 4장 14절에서 예수님께서 말씀하신 "내가 주는 물을 마시는 자는 영원히 목마르지 아니하리니 내가 주는 물은 그 속에서 영생하도록 솟아나는 샘물이 되리라."가 실제적으로 체험적으로 이루어지는 체험입니다. 성령의 세례로 눈에 보이지는 않지만 살아계신 성령의 지배로 전인격이 예수님의 살아계심을 체험하는 것입니다. 자신 안에서 주인으로 살아계심을 체험하는 것입니다. 성령님께서 영적-정신적-육체에 주인으로 역사하심으로 하나님의 나라가 이루어지기 시작하는 것입니다.

신약 시대 최대의 선물이 되시는 성령께서는 구약 시대와 같이 특별한 사람에게만 약속 되어진 것이 아닙니다. 오히려 '신약의 모든 보편적인 성도들을 위하여' 약속된 하나님의 가장 크고 놀라운 선물 이십니다. 예수님께서는 '신약의 모든 성도에게' 이 귀하신 하나님의 선물을 받게 하시려고 십자가에서 피 흘려 죽으신 것입니다. 이 선물이 최초로 임하는 때가 언제입니까? 예수님을 믿고 예배하며 기도하다가 성령의 세례가 부어지는 때입니다. 자신의 전인격이 느끼게 되고 옆 사람들도 알게 됩니다.

성령의 세례를 받으면, 그 후로는 보이지 않지만 살아계신 성령께서 '성도의 내면'에 주인으로 거하십니다. 이것은 놀라운 은혜가 아닐 수 없습니다. 천지를 창조하신 하나님께서 피조물인 인간 안에 친히 거처를 정하십니다. 성령님께서는 성도의 영혼 안에서 친히 영원하신 생명과 거룩의 원리로서 그 영혼을 인격적으로 장악하십니다.

우주보다 크신 하나님께서 우주 안의 티끌보다 더 작은 한 인간의 영혼 안에 거룩한 불을 불태우시면서 친히 영원한 거처를 삼으시다니요. 이것은 구약 시대에는 감히 상상하거나 생각해 보지도 못했던 놀라운 하나님의 은혜입니다

성령의 세례를 받으면 성령께서 택한자의 내면에 좌정하시고 그 시간 이후로 거처를 영원히 떠나지 않으십니다. 그는 그의 안에 계신 성령으로 말미암아 하나님의 도우심과 보호하심을 입어서 끝까지 믿음과 주님을 향한 정절을 지키게 됩니다.

예수님은 이렇게 말씀을 하셨습니다. "그러므로 너희는 가서 모든 민족을 제자로 삼아 아버지와 아들과 성령의 이름으로 세례를

베풀고 (20) 내가 너희에게 분부한 모든 것을 가르쳐 지키게 하라 볼지어다 내가 세상 끝날까지 너희와 항상 함께 있으리라 하시니라"(마 28:19-20).

예수님은 다시 당부하셨습니다. "사도와 함께 모이사 그들에게 분부하여 이르시되 예루살렘을 떠나지 말고 내게서 들은 바 아버지께서 약속하신 것을 기다리라 (5) 요한은 물로 세례를 베풀었으나 너희는 몇 날이 못되어 성령으로 세례를 받으리라 하셨느니라."(행 1:4-5). 이 말씀을 듣고 순종한 성도들이 성령세례를 받습니다. "홀연히 하늘로부터 급하고 강한 바람 같은 소리가 있어 그들이 앉은 온 집에 가득하며 (3) 마치 불의 혀처럼 갈라지는 것들이 그들에게 보여 각 사람 위에 하나씩 임하여 있더니 (4) 그들이 다 성령의 충만함을 받고 성령이 말하게 하심을 따라 다른 언어들로 말하기를 시작하니라."(행 2:2-4). 예루살렘을 떠나지 않고 일심으로 순종하며 기도하는 사람들에게 예수님께서 약속하신 대로 성령의 세례가 임합니다. 순종하는 사람만 성령세례를 받았습니다. 우리가 성령의 세례를 사모할 때에 이와 같이 풍성하고도 흡족히 부어주시는 은혜를 구해야 할 것입니다. 하지만 성령세례로 만족하지 말고 자신 안에 주인으로 계시는 예수님으로부터 성령의 불세례를 받아야 합니다.

셋째, 성령의 불세례. 성령의 불세례란 자신의 지성소에 주인으로 계시는 예수님으로부터 성령의 불이 끊임없이 타오르는 것을 말합니다. 예수님을 믿는 사람이라면 누구나 한번 쯤은 '성령의 불'에 대한 관심을 가져 봤을 것입니다. '성령의 불'에 대해서 한 번도 들은 적도 없고 관심도 갖지 않은 분이라면 이런 깊은 기도로 마음 안에서 보물을 찾는 법이란 책에 관심도 없으실 것입니다. 하나님을 믿는 사람들에게 있어서 성령의 불을 받는다는 것은 신비적인 체험과도 같습니다. 성령의 불세례를 받는다는 것을 다른 말로 표현하면 '성령충만'입니다. 그것은 또한 '성령의 기름부으심'으로 표현되기도 합니다.

요즘에 성령 충만이란 말이 하도 많이 남용되어서 "성령 충만합시다"라고 말하면 그저 성령에 대하여 알고 성령과 더불어 살아가는 정도로 생각합니다. 하지만 성령을 충만이 받게 되면 성령님이 자신의 주인이 되시며 성령님께서 소유하고 있는 권능을 사용할 수 있게 됩니다. 이것은 사도행전 1장 8절의 말씀이기도 합니다. "오직 성령이 너희에게 임하시면 너희가 권능을 받고 예루살렘과 온 유대와 사마리아와 땅끝까지 이르러 내 증인이 되리라 하시니라"(행 1:8)

한 가지 짚고 넘어가야 할 것은, 윗 구절에서 언급된 성령은 성령 세례가 아니라 성령의 기름 부으심을 말합니다. 그것은 곧 자신 안에 계신 예수님이 주시는 성령의 불세례를 말합니다. 자신 안에 주인이신 예수님으로부터 성령의 불세례, 성령의 기름 부으심을 받을 때 하늘의 권능을 받게 됩니다.

물론 성령 세례를 받을 때에도 역사가 일어납니다. 하지만 성령의 불세례와 성령의 기름 부으심에는 더 큰 권능이 있습니다. 예수님께서 제자들에게 이 구절을 말씀하셨을 때는 단순한 성령세례가 아니라 성령 충만(성령의 불세례)이었음을 알아야 합니다. 세례요한은 우리로 하여금 성령세례와 성령의 불세례에 대한 보다 명확한 이해를 돕기 위해 다음과 같은 말을 남겼습니다. "나는 너희로 회개케 하기 위하여 물로 세례를 주거니와 내 뒤에 오시는 이는 나보다 능력이 많으시니 나는 그의 신을 들기도 감당치 못하겠노라 그는 성령과 불로 너희에게 세례를 주실 것이요"(마 3:11)

이 구절에 대해서 성경학자들마다 다른 의견을 가지고 있습니다. 하지만 저는 이 구절의 의미를 확실하게 알고 있습니다. 세례요한은 물세례를 베풀었습니다. 고로 물세례는 위임된 사람이 베푸는 것입니다. 하지만 영이신 예수님께서는 성령과 불로 세례를 주십니다. 이미 우리는 성령세례가 무엇인지 알고 있습니다. 이제 남은 것은 성령의 불세례입니다. 이것은 성령의 기름부으심을 말하며 또한 성령의 불세례를 가리키는 것이기도 합니다.

세례요한은 성령과 불에 대한 충분한 이해가 있었던 사람이었습니다. 그는 예수님께서 우리를 성령과 불로 세례를 줄 것임을 알았습니다. 성령세례가 물세례보다 더 중요하듯이 불세례는 성령세례보다 더 중요합니다. 성령세례와 불세례는 많은 차이가 있습니다. 물세례와 성령세례가 다르듯이 성령세례와 성령의 불세례는 다른 것입니다. 같은 것이 아니라는 말씀입니다. 성령세례도 중요하지만 성령의 불세례는 더 중요한 것입니다. 성령세례만으로도 하나님의 은혜가 있고 삶의 변화가 있고 영적 능력이 있는 것은 사실입니다. 하지만 성령의 불세례에는 더 큰 은혜와 영광과 능력이 있습니다. 마음 안에 숨겨진 보물을 찾아서 사용하면서 살아가려면 자신 안에 주인이신 예수님께 성령의 불세례를 받아야 합니다.

이러한 성령의 불세례는 성령의 불로 표현할 수 있습니다. 성령의 불세례는 성령세례와는 다른 것입니다. 물세례를 이해한다면 성령세례 또한 이해할 것입니다. 물세례는 사람에게 물로 받는 세례이고 성령세례는 예수님으로부터 성령으로 받는 세례입니다. 물세례가 육체적인 것이라면 성령세례는 영적인 것입니다. 하지만 성령의 불세례는 물세례도 아니고 성령세례도 아닙니다. 오히려 그 이상의 것입니다. 성령의 불세례를 받아야 합니다. 그래야 불치병이 치유가 되는 것입니다.

성막의 구조상으로 볼 때 번제단은 성막의 뜰에 놓여져 있습니다. 성막의 뜰은 예배를 준비하는 곳이지 예배를 드리는 곳이 아닙니다. 성막의 뜰은 참 경배자가 되기 위한 준비 장소이기 때문입니다. 성령세례는 성막의 뜰을 지나 성소에서 행해지는 것입니다. 그러나 성령의 불세례는 성령님의 인도로 성소를 지나 지성소에 계시는 예수님으로부터 행해지는 것입니다. 지성소에 계시는 예수님으로부터 끊임없이 불이 흘러나오는 것입니다.

물세례와 성령세례 없이 갑자기 성령의 불세례를 받을 수는 없습니다. 장성한 자가 되기 위해선 반드시 어린아이의 시절을 거쳐야 하듯이 성령의 불세례를 받기 위해선 물세례와 성령세례가 먼저 행해져야 합니다. 성령세례를 받은 후에 자신 안에 계신 예수님으로부터 성령의 불세례가 나오는 것입니다.

성령세례가 성소에서 얻어지는 것이라면 성령의 불세례는 마음 안 지성소에서 얻어지는 것입니다. 자신의 마음 안 지성소에 주인으로 계시는 예수님이 주시는 것입니다. 물세례가 물로 행해지는 것이고 성령세례가 성령으로 행해지는 것이라면 성령의 불세례는 성령의 기름부음으로 행해집니다.

성령세례에도 강력한 능력이 나타납니다. 성령세례를 통해 어떤 이는 방언을 하며 또 어떤 이는 예언도 합니다. 그러나 성령의 불세례와 성령 충만으로 연결되지 아니하면 슬슬 약해지다가 잠잠해집니다. 하지만 성령의 불세례를 받은 사람에겐 그 이상의 신령하고 초자연적인 역사가 지속적으로 일어납니다. 어떤 사람은 병을 치유하는 능력을 드러냅니다. 또 다른 사람은 하나님의 음성을 직접 듣기도 합니다. 신유의 은사에도 여러 가지입니다. 어떤 사람은 다리의 길이가 다른 것을 똑 같은 길이로 길어지게 하는 치유 은사만을 가지고 있는가 하면 또 다른 사람은 소경의 눈을 뜨게 해 주는 치유역사를 가지고 있습니다.

성령의 불세례에는 초자연적인 큰 능력이 있습니다. 그래서 사도 바울은 자신의 복음 전함의 근원이 능력과 성령과 큰 확신으로 되었다고 고백을 했던 것입니다. "이는 우리 복음이 말로만 너희에게 이른 것이 아니라 오직 능력과 성령과 큰 확신으로 된 것이니 우리가 너희 가운데서 너희를 위하여 어떠한 사람이 된 것은 너희 아는 바와 같으니라"(살전 1:5). 믿으십시오. 성령의 불세례에는 엄청난 권능과 능력이 있습니다. 그리고 그 성령은 성령세례와 함께 성령의 불세례와 성령 충만 함이 있음도 믿으시기 바랍니다.

넷째, 성령 충만이란? '성령 충만'은 성령의 세례를 이미 받은 성도가 그의 남은 일생 동안 계속적으로 사모하면서 받아야 할 은혜입니다. 성령의 불의 역사가 지속적으로 나와서 성령님이 차고 넘쳐서 성령님의 지배 속에서 살아가는 것을 성령 충만이라고 말합니다. 그래서 하나님은 "하나님의 성령을 근심하게 하지 말라 그 안에서 너희가 구원의 날까지 인치심을 받았느니라."(엡 4:30) 강조하시는 것입니다. 그러나 '성령 세례'는 택한자가 거듭날 때 최초로 한 번 받는 것입니다. 성령세례를 한번 받았다고 성령 충만한 것이 아니라는 것입니다. 사도행전 2장을 보면 예수님 부활 후 첫 오순절에 제자들이 최초로 성령의 세례를 받는 장면이 나옵니다. 그 이후에 수많은 반대와 핍박에도 불구하고 담대히 복음을 전하고 기도하다가 성령의 충만을 받는 장면을 발견할 수 있습니다(행 4:23~31). 사도행전을 보면 제자들이 주로 기도와 찬송 중에 성령의 충만을 받는 모습을 발견할 수 있습니다(행 4:23~31)

성령세례를 받는 일이 없었는데도 불구하고 감히 성령 충만하다고 마음대로 말하는 사람들을 종종 볼 수 있었습니다. 이것을 보고 관념적인 신앙생활을 하는 것이라고 할 수가 있습니다. 알기만

하는데 실제 온몸으로 체험이 없다는 것입니다. 단순히 기분이 좋다는 표현을 성령 충만하다는 식으로 농담으로 표현하는 사람도 있었습니다. 성령님은 삼위일체의 제3위가 되시는 하나님이십니다. 하나님의 거룩하신 이름이 들어가는 단어를 진지하고 신중하게 사용해야 합니다.

성령 충만하다는 것은 '그리스도의 영으로 충만해진 상태' '예수그리스도의 영이 차고 넘치는 상태'를 말하는 것입니다. 그리스도의 거룩하심과 뜨거운 사랑으로 충만해지는 것입니다. 주님의 거룩하신 성품과 사랑과 말씀과 지혜와 능력으로 충만해지는 것을 말합니다. 성령 충만한 사람은 이기적 욕심이 완전히 죽고 성령님께서 인도하시는 이타적 삶으로 인도함을 받게 되어있습니다. 세상이 줄 수도 없고 알 수도 없는 평안과 기쁨이 충만합니다. 세상의 염려와 걱정을 하나님께 내어 맡기고 담대히 자신이 짊어져야 할 '십자가의 사명(하나님께서 주신 이타적 사명)'을 지고 즐거이 주님을 따르는 삶을 살게 됩니다. 성도라고 한다면 예수님으로부터 성령의 불세례를 받아 성령이 차고 넘치는 충만함으로 성령의 기름부으심으로 살아야 합니다.

결론입니다. 지금은 은혜의 때입니다. 믿음을 가지고 하나님께서 우리를 위하여 예비해 두신 최대의 선물을 구하면 몇 날이 못되어 반드시 성령의 세례를 받게 될 것입니다. "요한은 물로 세례를 베풀었으나 너희는 '몇 날이 못 되어' 성령으로 세례를 받으리라 하셨느니라."(행1:5).

중요한 것은 "우리가 얼마나 성령의 불세례 받기를 사모하느냐"에 달려 있습니다. 하나님은 원하고 사모하는 성도에게 성령을 풍성하게 채워주십니다. 구하고 간절히 찾고 두드리는 자에게 주십니다. 잠언에는 지혜를 사모하라는 교훈의 말씀이 많이 나옵니다. 지혜를 의인화 시켜서 '나'라고 표현합니다. 그리고 다음과 같이 외치십니다.

"'나'를 사랑하는 자들이 나의 사랑을 입으며 나를 간절히 찾는 자가 나를 만날 것이니라."(잠8:17). 성도에게 있어서 참된 지혜는 어디에 있습니까? "너희는 하나님께로 부터 나서 그리스도 예수 안에 있고, 예수는 하나님께로서 나와서 우리에게 '지혜'와 의로움과 거룩함과 구속함이 되셨으니 기록된바 '자랑하는 자는 주 안에서 자랑하라'함과 같게 하려 함이니라."(고전1:30-31). 예수 그리스도는 우리의 참된 지혜가 되십니다. 고로 우리의 참된 지혜가 되시는 주님을 간절히 찾는 자만이 주님을 만날 수 있게 될 것입니다. 성령의 세례로 만족하시지 말고 예수님으로부터 성령의 불세례를 받으시기를 바랍니다. 그래야 초자연적이고 권능 있는 성도가 되는 것입니다. 깊은 기도할 때 마음 안에서 하나님께서 숨겨두신 보물을 찾아서 사용할 수가 있습니다. 성령으로 충만해야 마음 안에 숨겨둔 하나님의 권능과 지혜를 끄집어 내면서 행복하게 살아갈 수가 있습니다.

7장 깊은 기도로 보물을 찾으려면 이것을 정리해야 하지요.

깊은 기도로 하나님께서 마음 안에 숨겨두신 권능과 지혜와 보물을 찾아서 사용하려면 마음의 상처와 스트레스를 성령으로 정리 정화해야 합니다. 이유는 마음의 상처와 스트레스가 깊은 기도하며 마음 안으로 들어가지 못하도록 지극정성으로 방해하기 때문입니다. 하나님은 크리스천들의 내면에 생명의 말씀과 성령으로 채워지기를 원하십니다. 자신 안에 숨어있는 보물을 찾아서 사용하지 못하는 것은 마음의 상처입니다. 마음 안의 능력과 권위를 활성화 하려면 반드시 마음의 상처를 생명의 말씀과 성령의 역사로 깊은 차원의 치유를 적극적으로 해야 합니다. 마음의 상처가 자신의 온몸을 성전 삼고 계시는 하나님을 나타나지 못하도록 방해하기 때문입니다. 잠재의식에 숨겨진 상처를 치유해야 마음 안에 계신 하나님께서 밖으로 나타나십니다. 마음 안에 계신 하나님께서 밖으로 나타나야 내면의 능력과 내면의 지혜가 활성화 되는 것입니다. 인간은 영적이고 심리적인 존재이기 때문에 인간관계는 감정의 관계, 심리적인 관계입니다. 그런데 감정이나 심리상태, 영적 상태가 좋지 못하면 인간관계가 좋지 못하게 되며, 한 걸음 더 나아가 하나님과 좋은 관계를 맺지 못합니다. 자연스럽게 내면의 능력과 지혜가 활성화되지 못합니다. 사람들은 마음의 상처로 인하여 하나님을 믿지만, 하나님과 좋은 관계를 맺지 못하고 있습니다. 상처로 인하여 마음이 굳어있기 때문입니다.

내적 치유는 이러한 관계성을 치유하여 내면을 강하게 하는 것입니다. 내적 치유는 인간의 가장 내적인 부분인 영으로부터 시작하여 성품, 인간관계, 하나님과의 관계까지도 치유하며, 육신의 질병까지도 치유합니다. 내적 치유는 전인격적인 치유로서 성령의 깊은 역사로 이루어지는 사역입니다.

사람은 하나님의 형상으로 창조되었습니다(창 1:27-28). 사람이 하나님의 형상이라는 의미는 하나님의 대리자, 하나님과 같은 권세로서, 하나님을 대신해서 이 세상을 다스리고 지배하고 보살피는 존재라는 것입니다. 사람은 원래 이러한 존재로 창조되었습니다. 이를 위해서 하나님께서 오직 사람에게만 하나님이 가지신 영을 주셨습니다. "여호와 하나님이 땅의 흙으로 사람을 지으시고 생기를 그 코에 불어넣으시니 사람이 생령이 되니라"(창 2:7).

하나님이 가지신 영을 가진 영적 존재가 된다는 것은 마음 안에 있는 영에서 나오는 권세, 힘, 생명력으로 환경을 장악하고, 이 사명을 감당하는 존재가 되라는 것입니다. 성령으로 거듭난 영으로 정신과 육체, 환경을 지배하며 다스리는 존재가 되라는 것입니다. 성령으로 거듭난 영으로 항상 성령 하나님과 교제함으로 하나님께서 주시는 능력과 권위을 늘 소유하며, 하나님의 뜻을 받아서 권능을 사용하며, 하나님께서 맡기신 일을 하여야 하는 것입니다. 그런데 마음의 상처로 영이 활성화되지 못하니 항상 마음이 갑갑하고 영의 만족을 누리지 못하는 것입니다.

이를 방지하기 위하여 자신 안에 주인으로 계시는 하나님과 관계가 열려야 합니다. 자신의 온몸을 성전 삼고 계시는 하나님과 관계를 열지 못하도록 방해하는 것이 상처입니다. 영적 존재인 사람은 마음 안에 계신 하나님과 관계를 열어서 주께서 내 안에, 내가 주안에 늘 교제함으로 주님과 내가 하나가 되는 것과(요15:4-10), 하나님 하신 일을 우리도 하는 존재인 것입니다. "내가 진실로 진실로 너희에게 이르노니 나를 믿는 자는 내가 하는 일을 그도 할 것이요 또한 그보다 큰일도 하리니 이는 내가 아버지께로 감이라 (요 14:12)"

그런데 아담의 범죄 이후 모든 인간의 영성이 잠들어 버리게 되었고, 이 세상은 오직 육과 이성이 다스리는 세상이 되었습니다. 죄가 다스리는 세상이 된 것입니다(창 15:13-14,16). 그래서 마음의 상처가 생기고 마귀, 귀신에게 당하며 사는 신세가 되었습니다(창 15:13-14,16). 하나님의 선민, 택한 자녀, 하나님의 은혜를 받는 사람이 된다는 것은 이렇게 죄로 발생한 세상의 죄를 물리치는 사람으로 선택받은 신분이라는 것입니다. 죄와 싸우고 죄를 물리칠 신분이라는 것입니다. 그런데 우리는 우리 스스로는 그렇게 할 힘이 없습니다. 능력도 없습니다. 이러한 능력은 오직 자신 안 마음에 주인으로 계시는 하나님에게만 있습니다. 그러므로 이렇게 택한 자녀에게 하나님은 "내가 이스라엘 자손 중에 거하여 그들의 하나님이 되리니, 그들은 내가 그들의 하나님 여호와로서 그들 중에 거하려고 그들을 애굽 땅에서 인도하여 낸 줄을 알리라 나는 그들의 하나님 여호와니라"(출29:45-46). 라고 말씀하십니다.

즉 하나님의 선택을 받은 사람이라는 것은 예수를 영접하는 순간부터 하나님을 자신 안에 주인으로 모시는 존재가 된다는 것입니다. 그래서 하나님을 모시고 이 세상에 가득한 죄와 사망을 물리치고 생명과 축복을 만들어 가는 존재로 선택받았다는 것입니다. 이렇게 택한 자녀일지라도 죄인입니다. 하나님께서는 그대로는 그들 중에 거하실 수도 없고, 그들을 쓰실 수가 없으십니다. 그러므로 하나님은 이스라엘 백성들에게 피를 요구하셨습니다. 메시야의 피를 대신할, 모형의 피인 염소와 송아지의 피를 뿌림으로 이들은 하나님을 섬겼습니다. 메시아 예수 그리스도의 보혈을 믿음으로 담보하여 하나님을 그들 중에 모실 수가 있었던 것입니다(히 9:13-14). 그러나 이러한 섬김은 어디까지나 잠정적이었고, 조건적이었으므로 그들은 세상에 만연한 죄와 싸워 이길 수도 없었고, 하나님을 그들 중에 영원히 모실 수도 없었고, 하나님과의 깊은 교제와 사귐도 없었습니다(요일1:3).

그러나 이제 예수 그리스도께서 십자가에서 고통을 당하시고 보혈을 흘리고 죽으심으로 말미 암아 죄가 단번에 해결이 되었습니다. "저가 저 대제사장들이 먼저 자기 죄를 위하고 다음에 백성의 죄를 위하여 날마다 제사 드리는 것과 같이 할 필요가 없으니 이는 저가 단번에 자기를 드려 이루셨음이니라"(히브리서 7:27). 예수 그리스도의 십자가 보혈의 공로로 말미암아 하나님의 자녀가 된 크리스천은 아담 이후로 이제야말로 하나님과 막힌 담이 헐어 졌음으로 제대로 하나님을 주인으로 모시며 하나님께서 마음 안에 숨겨두신 권능과 지혜와 보물을 찾아서 사용할 수가 있게 되었습니다. 하나님을 가장 깊은 속, 마음 안에 모시게 된 것입니다. 이제는 하나님과 깊은 교제를 하며 영원히 하나님을 모시게 되었습니다. 아담의 죄로 말미암아 영이 죽었던 사람이 다시 영이 살게 되었으므로 영이신 하나님과 교제하고 사귀는 영적인 사람이 됩니다. 영이신 하나님의 성품을 가지게 된다는 것이며, 영이신 하나님을 닮아 간다는 것입니다. 이제야말로 제대로 죄와 싸워 이기고, 저주와 싸워서 이기고, 환경을 지배하고 변화시킬 수 있는 존재가 된 것입니다(고전 6:19-20).

그러나 이 모든 것은 하나님을 우리 속에 모시고 늘 교제함으로만이 가능한 것입니다. 이것이 성도의 신분입니다. 그리고 이렇게 하나님을 안에 모시기 위해서 하나님은 우리에게 "내가 거룩하니 너희도 거룩할 지어다(벧전1:16)" 하고 거룩함을 요구하십니다. 예수님의 피 흘린 공로로 죄 사함 받아 구원받은 하나님의 자녀들은 이제부터 하나님을 주인으로 모시는 생활, 하나님과 교제하고 하나님을 섬기는 생활, 환경을 지배하고 다스리는 생활을 하기 위해서 반드시 거룩해져야 합니다. 우리 영적-정신적-육체의 모든 더러움을 생명의 말씀과 성령으로 기도하며 계속 씻어내야 합니다. 이렇게 함으로 하나님과 관계가 열려서 마음 안에서 능력과 지혜가 흘러나오는 것입니다. 이것이 성화의 길이요, 이것이 바로 내적 치유입니다. 하나님은 살전 5장 23절에서 "평강의 하나님이 친히 너희를 온전히 거룩하게 하시고 또 너희의 온 영과 혼과 몸이 우리 주 예수 그리스도께서 강림하실 때에 흠 없게 보전되기를 원하노라" 말씀하십니다.

하나님은 우리의 영적-정신적-육체의 모든 부분이 온전하기를 원하십니다(살전5:23). 가정의 화평함, 좋은 인간관계, 사회에서의 밝은 삶을 살기를 원하십니다. 내적 치유는 이러한 하나님의 관심에 가장 가까운 깊은 차원의 치유입니다. 인간의 지체는 영적-정신적-육체가 서로 밀접한 관계를 가집니다. 눈으로 보이는 부분의 상처만을 치유함으로 온전한 치유가 되지는 않습니다. 원인이 되는 더 깊은 곳, 다른 부분까지도 치유해야 온전한 치유가 되는 것입니다. 이는 성령님만 할 수 있는 사역입니다. 성령의 깊은 임재로 무의식의 상처를 현실로 드러내어 치유해야 합니다. 성령의 역사가 없이는 할 수 없는 사역입니다. 반드시 성령으로 세례를 받아야 할 수 있는 깊은 차원의 치유입니다.

그러므로 내적 치유는 하나님의 뜻에 가장 가까운 치유입니다. 영적 존재인 인간은 같은 영적인 존재인 하나님과 이웃과의 관계성을 가지고 사는 존재입니다. 그런데 많은 사람들이 이 관계성이 잘되어 있지 않음으로 내적으로 문제를 가지게 됩니다. 인간이 갖고 있는 육체, 심리적인 질병 중 대다수가 잠재의식에 쌓여있는 상한 감정이나 영적인 문제와 긴밀한 관계를 가지고 있기 때문에 내적 치유는 이런 영역들을 중점적으로 다룹니다. 영에 있는 성령의 권능으로 마음과 육체에 있는 상처를 치유하는 것입니다.

외부의 상처는 쉽게 치유되나 마음에 받은 상처는 쉽게 치유되지 않습니다. 사라지지 않고 깊은 곳에 남아서 계속 나에게 영향을 주며, 나의 삶을 좋지 못한 쪽으로, 파괴적인 쪽으로 이끌어갑니다. 나이가 들어도 사라지는 것이 아니라, 오히려 절제력이 약해짐으로 더욱 강하게 나의 삶에 역사 합니다. 그래서 노인들이 더 섭섭해 하고 고집을 부리는 것입니다.

상처는 잠복기간이 지나면 꼬리를 들고 일어납니다. 꼬리를 들고 일어서는 시기는 영육의 상황이 좋지 못한 경우입니다. 상처는 상처를 주는 상대방보다, 쉽게 상처를 받는 나에게 문제가 있는 것입니다. 이 사실을 인정해야 자신을 치유할 수 있습니다. 평안과 행복은 환경이 이를 주거나, 느끼는 것이 아니라, 내가 그렇게 느끼는 것입니다. 주체는 나입니다. 나의 마음입니다. 나의 마음이 치유되어 있으면 늘 평안과 행복을 느낄 수 있게 됩니다.

그리고 더 나가서 남에게 상처 주지 않도록 주의하고, 또 다른 상처받은 이들을 치유할 수 있게 됩니다. 이것이 복음의 화평케 하는 의미입니다. "모든 것이 하나님께로서 났으며 그가 그리스도로 말미암아 우리를 자기와 화목하게 하시고 또 우리에게 화목하게 하는 직분을 주셨으니 곧 하나님께서 그리스도 안에 계시사 세상을 자기와 화목하게 하시며 그들의 죄를 그들에게 돌리지 아니하시고 화목하게 하는 말씀을 우리에게 부탁하셨느니라(고후5:18-19)" 우리는 누구나 무한하게 발전할 수있는 가능성을 가지고 있습니다. 우리의 삶이 모든 면에서 풍성해 지기를 하나님은 원하십니다. 우리는 내적 치유를 통하여 풍성한 삶을 누릴 수 있습니다. 누려야 합니다. 이것이 우리를 향한 주님의 뜻입니다. 상처는 이렇게 여러 가지로 영향을 미치게 됩니다. 그래서 반드시 근원을 찾아 치유해야 합니다. 그래야 진리로 자유 함을 누리면서 살아갈 수가 있습니다. 상처는 다음과 같은 영향을 미치게 됩니다.

첫째, 하나님과의 관계에 미치는 영향. 내면에 상처가 있으면 온몸을 성전 삼고 계시는 하나님께서 온전하게 나타나시지 못합니다. 하나님과 관계가 열리지 않으니 내면이 부실한 것입니다. 인간은 대개의 경우 아버지로부터 상처를 가장 많이 받게 됩니다. 근엄하고 권위를 내세우는 가부장적인 아버지로 말미암아 어릴 적부터 많은 상처를 입고 삶을 배웁니다. 그리고 스스로도 이러한 상처를 주며, 자신도 그러한 아버지가 되어갑니다.

이러한 아버지의 개념으로 말미암아 하나님 아버지에 대한 개념이 왜곡됩니다. 근엄하기만 하고 책망과 형벌을 주관하는 아버지의 개념이 하나님에 대한 개념에 강하게 반영되고, 또 후손에게도 대물림되어 전달됩니다. 이러한 잘못된 아버지의 개념이 유아기로부터의 계속되는 교육으로 말미암아 참 사랑의 하나님 아버지에 대한 개념을 갖지 못하게 합니다.

사랑이 빠진 신앙인, 막연한 종교인이 되어 버리고 맙니다. 말씀에 대한 불신, 죄에 대한 불감증, 도덕 감과 윤리 감을 상실한 종교인이 되어버립니다. 신앙의 성장이 없게 됩니다. 온몸을 성전 삼고 계시는 하나님께서 나타나지 못하기 때문입니다.

내적 치유를 통하여 참 사랑의 하나님 아버지를 인격적으로 만나야 합니다. 하나님과 관계를 열어야 합니다. 하나님의 능력과 지혜를 받아야 합니다. 하나님 아버지의 사랑을 받아야 합니다. 사랑을 체험해야 합니다. 인격체로 그분의 사랑을 느끼고 사랑을 받아야 합니다. 그래야 우리의 신앙이 성장하게 됩니다.

우리를 용서하시고 사랑하시고 축복해주시는 아버지의 사랑을 늘 받아야 합니다. 지금도 우리를 사랑하시는 하나님 아버지의 사랑으로 우리를 채워야 합니다. 그래야 하나님을 제대로 의식하게 됩니다. 하나님의 사랑으로 두려움과 염려를 내어 쫓게 됩니다. 말씀과 성령으로 내면을 치유하므로 하나님과 친밀하게 지낼 수 있습니다. "사랑 안에 두려움이 없고 온전한 사랑이 두려움을 내어 쫓나니 두려움에는 형벌이 있음이라 두려워하는 자는 사랑 안에서 온전히 이루지 못하였느니라(요일4:18)" 하나님은 두려운 분이 아니고 사랑이 많으신 분이라는 것을 인식하는 것이 이미 치유가 시작이 된 것입니다. "무릇 하나님께로부터 난 자마다 세상을 이기느니라 세상을 이기는 승리는 이것이니 우리의 믿음이니라(요일5:4)" 내면에서 분출되는 성령의 권능으로 세상을 이기는 것입니다. 하나님을 사랑하고 관계가 열릴 때 자신의 내면에서 능력과 권위과 지혜가 분출되는 것입니다.

하나님의 사랑으로 우리의 마음을 채워놓지 못하게 되면 세상의 염려와 걱정과 근심이 우리의 마음을 채우게 됩니다. 내면이 너무 허약함으로, 쉽게 두려움을 느끼게 되고, 아무것도 하지 못하는 허약한 종교인이 됩니다. 우리가 진정 두려워해야 할 것은 바로 이러한 두려움입니다. 물질이나 건강이 없음으로 인한 두려움이 아니라, 우리의 마음에 하나님의 사랑이 없음을 두려워해야 합니다. 하나님의 사랑만 마음에 채워져 있으면 넉넉히 세상을 이길 수 있습니다. 이를 위해서 성령님이 오셔서 우리 마음에 하나님의 사랑을 부어주십니다(롬5:5). 이것이 바로 내적 치유입니다. 내적 치유와 함께 하나님의 사랑으로 내면이 채워지고, 풍성한 삶이 시작되는 것입니다.

둘째, 자신과의 관계에 미치는 영향. 저는 다른 사람과 비교하여 몸이 약한 이유는 상처 때문이라고 합니다. 예수를 믿고 성령으로 거듭난 크리스천은 내면에서 나오는 영의 능력이 강해야 육체와 이성을 장악하게 되어 영적-정신적-육체가 강건해지는 것입니다. 영에서 나오는 능력으로 세상을 살아가는 것입니다. 상처가 있으면 자신의 온몸에서 성령의 활동이 활성화되지 못하여 내면이 부실해집니다. 내면이 부실하기 때문에 다른 사람에 비하여 스트레스를 많이 받게 됩니다. 스트레스를 많이 받으면 체력 소모가 많습니다. 체력 소모가 많으면 인체의 각 기관이 정상적인 기능을 발휘하지 못합니다. 그래서 영육의 병 치례를 많이 하는 것입니다. 이를 치유하기 위하여 한약을 먹고, 병원 약을 먹어도 치유되지 못합니다. 반드시 말씀과 성령의 역사로 상처를 치유하고 영적치유를 받아야 건강하게 지낼 수 있습니다.

상처가 많으면 자기 자신을 이겨내지 못합니다. 자기 자신을 심하게 비하시키거나, 무가치하게 여기게 됩니다. 또는 자신에 대하여 거부감, 증오감, 혐오감, 용서 못함, 열등감을 가지거나, 반대로 극도의 자기 사랑, 이기주의, 배타주의를 가지게 되기도 합니다. 심한 우울증이나 의존감을 가지기도 합니다. 이러한 것은 성장기의 상처로 인하여 자기도 모르게 자신의 가치를 잘못 평가한 것입니다. 부모가 어릴 적에 자신을 그렇게 대했기 때문입니다.

예수를 믿은 크리스천은 새로운 아버지, 참 아버지를 가집니다. 그러므로 하나님 아버지에게서 새롭게 자신의 가치에 대하여 배워야 합니다. 마귀는 어릴 적 부모로부터 들은 "너는 왜 이렇게 못하느냐. 너는 못난 놈이다"라는 책망의 말을 자꾸 반복하여 내 마음에 들려줍니다. 참 사랑의 하나님 아버지는 우리가 실수하더라도 책망보다는 새롭게 나서도록 늘 위로와 용기와 격려를 주시는 분입니다. "너는 할 수 있다. 한번 다시 해보자"고 하시는 분입니다.

이러한 내면의 소리를 들어야 합니다. 어릴 적 상처의 기억에서 되풀이 되는 사단의 비난의 말이 아니라, 내면에서 새롭게 울려 나오는 위로하시는 하나님의 소리를 듣게 하는 것이 바로 내적 치유입니다. 기억이나 감정에서 나오는 소리는 육신과 이성과 감정에서 나오는 것입니다. 하나님의 말씀은 이보다 더 깊은 마음 안에서 조용히 울려 나옵니다. 이 위로의 소리를 들어야 합니다. 책망하고 비난하고 좌절하게 하는 소리가 들려오더라도 이 소리를 붙잡지 말고 마음 안에서 울리는 위로의 소리를 붙잡고, '하나님, 도와주세요' 라고 외치며 나서야 합니다.

상처에 기억되어 있는 두려움, 아픔을 기본으로 하여 삶을 살아가서는 안 됩니다. 새롭게 마음으로부터 솟아오르는 하나님의 힘, 하나님의 생명력을 기본으로 하여 삶을 살아가야 합니다. 상처에서 올라오는 것들을 빼내어 버리고, 깊은 곳에서 들려오는 하나님 아버지의 위로와 격려의 소리를 듣는 훈련을 하세요. 하나님이 깊은 속에서 밀어 올려 주시는 생명력을 부여잡는 훈련을 하세요. 그리고 자기를 건전하게 사랑하는 자가 되어야 합니다. 자기를 건전하게 사랑하는 자는 승리, 발전할 수 있고, 이러한 사람은 하나님의 도움을 누리게 됩니다.

셋째, 타인과의 관계에 미치는 영향. 자기를 무가치하게 여기는 사람은 남도 무가치하게 여깁니다. 하나님의 말씀의 총 강령(마 22:37-40)은 하나님을 사랑해야 자신을 진정으로 사랑할 수 있고, 자신을 건전하게 사랑해야 다른 사람도 제대로 사랑할 수 있다는 것입니다. 부부관계, 사회의 모든 인간관계에서 나타나는 모든 문제들 즉 반사회적이고 적대시함, 시기와 질투와 분쟁, 고압적 지배와 피지배적 근성, 믿지 못함, 불쾌하게 함과 같은 것들은 모두 하나님과 나, 그리고 이웃에 대한 수직적 관계의 개념에서 파생되는 것입니다. 위에서부터 내리누르는 수직적 사회에서 생깁니다.

하나님은 우리를 그렇게 대하지 않으십니다. 내리누르고 억압하시는 분이 아닙니다. 묶어놓고 뿌리시는 분이 아닙니다. 예수님은 제자들과 같이 걸어 다니시고, 인정하시고, 사랑하셨습니다. 수평적으로 대하셨습니다. 모든 사람을 끌어안고 용납하셨습니다. 그런데 세상은 그렇지 않습니다. 모든 것을 수직적으로 생각합니다. 경쟁합니다. 누르고 눌립니다. 억압하고 지배하고 지배당합니다. 교회에서조차 그렇습니다. 세상에서 일어나는 일들이 교회 안에서도 똑같이 일어납니다.

성도들은 그렇게 하면 안 됩니다. 우리는 우리 안에 거하시는 하나님과 함께 새로운 삶을 만들어야 합니다. 수평적 삶을 만들고, 수평적 사회, 사랑의 사회를 만들 수 있습니다. 그럴 수 있는 능력이 있습니다. 크리스천이 되고, 풍성한 삶을 누린다는 것은 이러한 관계를 새롭게 창조해 나가는 삶을 살아간다는 것입니다. 나를 변화시키고, 이웃을 변화시키는 것입니다. 이것이 내적 치유입니다. 사람들은 많은 칭찬은 쉽게 잊어버리는 반면에 단 한 마디의 상처를 주는 비평은 잊지 않고 기억합니다. 자신이 행한 일보다는 자신의 인간성에 대한 긍정적, 또는 부정적 말을 훨씬 더 깊게 받아드립니다. 인간성을 깎아 내리는 말은 자존감에 심각한 영향을 줍니다.

사람들은 상처를 당할 때에 자기의 감정을 억누르고 상처를 빨리 싸매어 버리기 때문에 아무도 눈치 채지 못합니다. 그러나 그 상처는 소독을 하지 않았기 때문에 곪게 되고, 시간이 흐르면 싸맨

곳을 통하여 고름이 새어나오기 시작합니다.

이것이 오래 전의 상처가 현재 삶에 영향을 미치는 것입니다. 상처를 받지 않고 살 수는 없지만, 치유는 하면서 살 수 있습니다. 상처는 일단 받으면 다른 사람에게 상처를 주게 되어있습니다. 상처의 악순환, 빈곤한 삶의 악순환입니다.

상처를 받지 않을 수는 없지만, 상처를 치유할 수는 있습니다. 상처를 치유해야 이 악순환에서 벗어날 수 있게 됩니다. 상처권에서 벗어날 수 있게 됩니다. 드디어 풍성한 삶으로 나아갈 수 있게 됩니다. 상처가 별로 나에게 영향을 주지 않게 되고, 남에게도 상처를 주지 않는 부드러운 성품이 되며, 상처가 주는 감정에 휩쓸리지 않는 든든한 삶을 살게 됩니다.

말씀과 성령으로 자신의 무의식과 잠재의식에 있는 상처를 찾아서 의식 수준으로 가지고 나와서 치유하여 배출해야 합니다. 자꾸 심령에서 성령의 역사를 일으키면 상처는 치유되게 되어 있습니다. 그러므로 상처치유에만 치중하지 말고 성령으로 충만한 임재 상태에 들어가도록 노력해야 합니다.

결론적으로 깊은 기도로 하나님께서 마음 안에 숨겨두신 권능과 지혜와 보물을 찾아서 사용하려면 마음의 상처와 스트레스를 성령으로 정리 정화해야 합니다.

8장 깊은 기도로 보물을 찾으려면 이들을 처리해야 하지요

깊은 기도로 하나님께서 마음 안에 숨겨두신 권능과 지혜와 보물을 찾아서 사용하려면 귀신 역사에 대하여 밝히 알고 해결해야 합니다. 우리가 귀신에 대하여 밝히 알아야 하는 것은 귀신들이 마음 안으로 들어가는 것을 지극 정성으로 방해하기 때문입니다. 귀신을 쫓아내야 하는 것은 군사가 되어야 하는 것은 성도들이 귀신에 대하여 무지하기 때문에 많은 분들이 귀신에게 고통을 당하고 있기 때문입니다. 이는 귀신이 영적 존재라 보이지 않고 귀신에 대하여 박식한 지식이 없기 때문에 막연하게 두려워하면서 당하는 것입니다. 그런데 귀신은 알고 보면 두려운 존재가 아닙니다. 성령의 역사가 일어나면 모두 떠나가야 하는 존재입니다. 귀신을 무서워하지 말고 성령으로 세례를 받지 못한 것을 무서워해야 합니다. 성령으로 세례를 받고 예배를 드리고 기도하면서 성령으로 기도하여 성령의 지배를 받으면서 믿음 생활하면 어느날 기침 한 번으로 떠나가기도 합니다.

그럼에도 귀신은 살아있는 존재이나 보이지 않기 때문에 크리스천이라도 두려워하고 무서워하는 것이 사실입니다. 이는 샤머니즘의 신앙의 잔재라고 볼 수가 있습니다. 세상에서 살아가면서 귀신에게 고통을 당했기 때문에 귀신에 대하여 막연한 두려움을 가지고 있는 것입니다. 그래서 크리스천들이 귀신을 쫓아내는 사역자를 신성시하기도 합니다.

실상은 사람이 귀신을 쫓아내는 것이 아니고, 자신 안에 주인으로 계시는 성령님께서 귀신을 몰아내시는 것입니다. 자신 안에 하나님의 성전이 견고하게 지어지고 성령으로 충만해지면 귀신은 자동으로 물러가는 것입니다. 그럼으로 귀신을 쫓아내는 것이 집중하지 말고 자신 안에 생명의 말씀과 성령으로 성전을 만드는 것이 더 관심을 집중해야 합니다. 귀신만 쫓아내려고 하기 때문에 귀신이 떠나가지 않는 것입니다. 귀신은 자신 안에 주인으로 계시는 성령님의 권능으로 쫓겨 나가는 것입니다.

더 큰 문제는 능력자를 의지하여 귀신만 쫓아내려고 하는 것입니다. 그런데 이렇게 능력자를 의지하여 귀신을 쫓아냈다고 하더라도 돌아서면 다시 원위치 합니다. 왜냐하면 자신에게 성령의 권능이 없기 때문입니다. 자신 안에 성령님이 주인 되어 성전이 되지 않고 이렇게 다른 사람을 의지하여 귀신을 쫓아내려고 하면 죽을 때까지 귀신을 쫓아내야 합니다. 귀신을 쫓아내고 자유 하려면 자신 안에 나라가 바뀌어야 합니다. 하나님께서 주인이 되어야 한다는 말입니다. 성령님에게 지배당하고 장악당해야 합니다. 자신 안에 하나님의 성전이 견고하게 지어지면 귀신을 쉽게 떠나가는 것입니다. 귀신으로부터 고생하는 크리스천은 자신 안에 성전을 견고하게 하는 일에 집중해야 합니다.

첫째, 귀신은 사람의 힘으로는 축사할 수가 없습니다. 귀신은 초인적인(4차원) 존재이지만, 사람은 3차원이기 때문입니다. 귀신을 축사하려면 성령의 권능(5차원)을 힘입어야 가능한 것입니다. 성령의 권능으로 귀신이 쫓겨 가기 때문입니다. 그러나 성령님도 보이지 않기 때문에 어떻게 해야 성령의 권능을 힘입는 것인지 막연합니다.

그래서 성령의 권능을 힘입기 위하여 여러 가지 방법을 동원합니다. 어떤 분들은 성령이 하늘에서 또는 능력 있는 사람에게서 임한다고 하시는 분들도 있습니다. 하늘이나 사람에게서 임하는 성령의 불을 받기 위하여 인간적인 노력을 합니다. 그래서 성령 집회에 참석하여 손바닥을 내밀면서 성령의 불을 받으려고 합니다. 어떤 분들은 억지로 흔들면서 진동을 합니다. 어떤 분들은 팔을 흔들기도 합니다. 어떤 분들은 서서 뛰어다니기도 합니다. 이런 모든 방법은 인간적인 노력을 하여 성령을 받겠다고 하는 지극히 상식이하의 행동입니다. 그러나 성령께서는 사람 안에 임재 하여 계신다는 것을 알아야 합니다. "너희는 너희가 하나님의 성전인 것과 하나님의 성령이 너희 안에 계시는 것을 알지 못하느냐(고전 3:16)" 성령님이 자신 안에 계신다는 것입니다. 자신 안에 계신 성령님이 밖으로 나오게 해야 합니다. 성령의 불이 자신 안에서 나와야 한다는 것입니다. 예수를 영접한 크리스천이라면 직접적인 성령세례를 받지 못한 분들이라도 성령님은 자신 안에 계십니다. 예수를 믿을 때 성령님이 자신 안에 임재 하셨기 때문입니다. 임재하신 성령께서 자신을 완전하게 장악하시는 것이 성령세례입니다. 성령님은 호흡입니다. 바람입니다. 살아계십니다. 그렇기 때문에 성령을 손바닥에 받을 수가 없는 것입니다. 사람의 숨(호흡)을 통하여 자신 안에 임재하시고, 숨을 통하여 밖으로 나타나시는 것입니다. 성령님은 입과 코를 통하여 자신에게 임하시기도 하시고, 밖으로 나오시기도 하는 것입니다.

그렇기 때문에 성령을 충만하게 하려면 숨을 깊게 들이쉬고 내쉬는 것이 맞습니다. 절대로 팔을 흔든다든지, 진동을 한다든지, 억지로 입을 벌린다든지, 뛰어다닌다고, 성령으로 충만하게 되지 못합니다. 오히려 시간만 더 걸립니다. 숨을 들이쉬고 내쉬면서 주여! 숨을 들이쉬고 내쉬면서 주여! 하는 편이 훨씬 성령으로 충만받는 적극적인 노력이 될 수가 있는 것입니다. 그렇게 하다가 보면 성령께서 서서히 장악하시어 성령으로 충만해지는 것입니다. 충만한 성령의 역사가 자신 안에서 밖으로 나오면서 귀신을 몰아내시는 것입니다. 절대로 다른 인간적인 방법으로는 귀신을 몰아낼 수가 없습니다. 어떤 분들은 능력 있는 목회자가 귀신을 불러내서 쫓아낸다는데 거짓말입니다. 이렇게 말하는 사람은 이단입니다. 영적인 지식이 부족한 크리스천들을 속이는 것입니다.

귀신은 성령의 역사가 환자 마음 안에서 일어나니 귀신이 성령의 권능으로 밀려나오는 것입니다. 그렇기 때문에 귀신을 빨리 축귀하려면 성령이 역사하는 장소에 가서서 사모하는 마음으로 숨(호흡)을 들이쉬고 내쉬면서 주여! 숨(호흡)을 들이쉬고 내쉬면서 주여! 하면서 마음을 열어야 합니다. 마음이 열리면서 성령께서 서서히 자신을 장악하시는 것입니다. 성령님이 자신을 장악하시면서 잠재의식의 상처를 치유하시고, 귀신들을 몰아내시는 것입니다.

성령님이 자신을 장악하는 일에 집중해야 합니다. 세상 의사들도 염증성환자에게 매일 주사 맞고 치료하고 약을 먹으면 빨라 낫는다고 하지 않습니까? 마찬가지로 영적치유로 매일 말씀 듣고 기도하고 안수를 받으면 빨리 장악이 되어 해결이 되는 것입니다.

종합적으로 귀신을 빨리 축귀하려면 절대로 성령의 불을 받는다는 생각을 버리고, 성령으로 충만한 장소에 가서서 성령의 불이 자신의 마음 안에서 나와야 한다는 일념으로 마음을 열고, 영적인 말씀을 듣고, 안수를 받으면서 기도 시간에 숨(호흡)을 들이쉬고 내쉬면서 주여! 숨(호흡)을 들이쉬고 내쉬면서 주여! 하면서 기도를 열심히 해야 합니다. 숨(호흡)을 통하여 밖에서 역사하시는 성령의 불과 자신 안에서 역사하시는 성령의 불을 충만하게 한다는 믿음을 가지고 기도하는 것입니다. 열심히 하여 마음이 열려야 성령께서 장악하시기 때문입니다. 성령께서 자신을 장악해야 성령으로 충만도 받을 수가 있고, 귀신들도 떠나가기 때문입니다. 귀신을 쫓아내시는 분은 능력 있는 목사가 아니고 자신 안에 주인으로 계시는 성령님이십니다. 성령님의 장악이 중요합니다.

둘째, 많은 성도들이 귀신을 무서워합니다. 얼마나 무서워하느냐. 우리 교회는 성령이 강하게 역사하는 교회입니다. 그래서 예배를 드리면서 말씀을 듣거나 기도하는 시간에 성령의 역사로 악한 영의 역사가 드러나 발작을 하거나 악을 쓰는 경우가 많습니다. 그러면 옆에 있는 성도들이 무서워서 멀리 떨어지려고 도망을 갑니다. 귀신이 도망을 간다고 안 따라갑니까? 이는 영적인 무지에서 나오는 것입니다. 우리가 예수를 믿으면 하나님의 자녀가 되는 권세가 있습니다. 우리가 초자연적인 존재가 된다는 것입니다. 마귀 귀신은 초인적인 존재입니다. 영적 차원으로 보면 한 단계 아래에 있는 것입니다. 귀신에게 능력이 있다면 우리에게는 하나님의 권세가 있습니다. 믿는 자이면 저 하늘이 무너지고 이 땅이 꺼져도 일점일획도 변함없는 하나님 말씀에 이런 표적이 따르리니 곧 그들이 내 이름으로 귀신을 쫓아내겠다는 것입니다. 성령으로 세례를 받고 성령으로 기도하여 성령으로 충만하게 하여 귀신을 몰아내야 자유 함을 누릴 수가 있어 지금 천국이 됩니다.

주님이 우리에게 성령으로 주신 귀신 쫓는 권세는 '익수시아=초자연적(5차원)'입니다. 귀신이 가지고 있는 것은 한 차원 낮은 '두나미스=초인적(4차원)'입니다. 그러므로 예수 그리스도의 이름으로 오늘 자기 스스로 마귀를 대적하십시오. 물러날 것을 믿으십시오. 한번 말해서 안하면 두 번, 세 번, 네 번, 다섯 번 계속하십시오. 성령의 충만함 가운데 명령하면 안 쫓겨나갈 턱이 없는 것입니다. 우리가 만일 안 쫓아내고 그대로 내버려 놓으면 마귀가 우리를 자기 집으로 삼습니다. 기가 막히잖아요. 우리를 자기 집으로 삼고 들락날락 하면은 우리가 기가 막히지 않습니까?

그리고 일부 목회자가 하는 말이 귀신을 쫓아내려고 성령이 역사하는 장소에 가서 기도하고 안수를 받을 때 다른 사람들이 기침이나 하품을 할 때 밖으로 나온 귀신이 다른 사람이나 자신에게 들어간다는 것입니다. 이는 잘 모르고 하는 말입니다. 자신이 성령으로 충만한 상태에서 기도하면 초자연적인 상태가 됩니다. 초자연적인 상태가 된 자신에게 초인적인 귀신이 자신 안에 들어올 수가 없는 것입니다. 자신 안에 역사하던 귀신도 떠나가느라고 정신이 없는데 밖에서 역사하던 귀신이 들어오지 못합니다. 오히려 귀신들이 자신에게서 나가지 않으려는 술책입니다. 자신 안에 귀신이 들어온다고 두려워하면서 움츠려 있으면 성령으로 충만하지 못합니다. 자연스럽게 귀신이 떠나갈 수 있는 영적인 상태가 되지 못하는 것입니다. 귀신이 자신에게 계속 역사할 수 있는 빌미를 제공하는 것입니다. 다른 사람에게서 나온 귀신이 들어온다는 논리는 기도하지 않고 멍청하게 앉아있는 사람에게 해당되는 말입니다. 성령으로 기도하는 사람에게는 절대로 들어오지 못합니다. 이것은 명확한 확증이 없는 돌아다니는 사람의 말입니다.

경각심을 가지고 자신의 영을 지키기 위하여 관심을 가지라고 강조하는 말입니다.

귀신을 쫓아내고 관리를 안 하고 지속적으로 귀신을 안 쫓아내면 와보고 정리되고 정돈되고 좋은 처소면 일곱 귀신을 데리고 와서 들어가서 집으로 삼기 때문에 나중 형편이 처음보다 더 나빠지는 것입니다(마12:43-45).

우리는 영적으로 정신적으로 육체적으로 생활적으로 귀신은 대적하고 공격해야 되는 것입니다. 영적으로 들어와서 우리에게 거짓 예언이나 거짓 꿈이나 환상이나 계시를 주어서 잘못된 신앙으로 이끄는 일도 합니다. 정신적으로 귀신이 잘못 들어와서 이 세상에 오만하고 교만하고 잘못된 일을 도모하는 때가 있습니다. 육체적으로 공격하면 질병이 생기는 것입니다. 여러 가지 병이 들어요. 정신병 들고, 우울증이 생기고, 육체적으로도 병이 들면 그것은 약으로만 치료할 수 없고 귀신을 쫓아내야 되는 것입니다. 생활에 귀신이 와서 생활을 도적질하고 죽이고 멸망시키며 사업이 안 되게 합니다. 또 사업이 좀 잘되는 사람들은 탐욕을 넣어가지고서 하나님 없이 사업을 하다가 나중에 크게 망하게 만드는 것입니다.

셋째. 귀신에게 고통을 당하는 환자의 의견에 동조하지 말아야 합니다. 환자가 어떤 교회에서는 계속 다니자고 합니다. 어떤 교회에 가면 두려워서 뛰어 나가거나 다니지 말자고 합니다. 이는 이러한 현상입니다. 계속 다니자고 하는 곳은 환자에게 역사하는 귀신이 견딜만한 곳입니다. 그러니까 계속 다니자고 합니다. 반대로 도망을 하거나 다니지 말자고 하는 교회는 환자에게 역사하는 귀신이 견딜 수가 없어서 환자를 이용하여 장소를 이탈하려는 귀신의 술책입니다. 이렇게 환자의 의견에 동조하면 절대로 귀신은 떠나가지 않고, 환자는 죽을 때까지 영적인 문제를 해결하지 못합니다. 바르게 분별하고 치유를 받으려고 해야 합니다. 자신이 성령으로 장악이 되는 곳에서 믿음을 키워야 합니다.

그리고 귀신에게 고통을 당하는 사람이 무엇을 하면 귀신이 떠나간다는 것은 거짓말입니다. 헌금을 얼마하면 귀신이 떠나간다고 속이기도 합니다. 아무리 헌금을 많이 해도 귀신은 떠나가지 않습니다. 예수님은 돈 받고 귀신 떠나보내는 분이 아닙니다. 목회자 사명이 있기 때문에 사명을 감당해야 귀신이 떠나간다고 속이는 사역자도 있습니다. 신학교를 가서 1학기도 마치지 못하는 분들이 많습니다. 절대로 무엇을 하면 귀신이 떠나간다는 것은 샤머니즘의 신앙의 잔재입니다. 속지도 말고 속이지도 말아야 합니다. 환자가 성령으로 장악당하여 성령의 지배를 받아야 귀신으로부터 자유 함을 누릴 수가 있습니다. 바르게 알고 속지 말아야 할 것이 있습니다. 축귀를 하다가 보면 돌아가신 할아버지, 할머니 삼촌 소리는 내는 경우가 있습니다. 이는 그분들이 귀신이 된 것이 아니고, 그분들은 천국이나 지옥에 가있는 것입니다. 그분들이 살아계실 때 고통을 가하던 귀신들이 속이고 환영을 받으려는 술책입니다. 절대로 속으면 안 됩니다. 타락한 천사 귀신이 환자에게 들어와 고통을 가하면서 보호받으려는 사악한 술책입니다.

넷째, 크리스천들이 알아야 할 것은 "귀신을 쫓는 것은 사람이 하는 것이 아닙니다." 정확하게 말하면 "귀신을 쫓는 것은 능력 있는 목회자의 전유물이 아닙니다."라고 말하고 싶습니다. 귀신 축사의 시작은 예수님이셨습니다. 이어 예수님께서 권능을 주신 제자들에 의해 축사가 이어졌습니다. 따라서 귀신 축사의 핵심은 예수님…. 성령이 역사하시는 교회 시대인 지금은 성령님이 하십니다. 그리고 귀신을 쫓아내려면 예수님과 관계가 먼저 열려야 합니다. 예수님이 자신의 주인이 되어야 합니다. 예수님으로 하나가 되어야 합니다.

우리 크리스천들이 능력 있고 명성 있는 목사님만 눈에 보이고, 목사님의 배후에 주인으로 역사하시는 예수님을 보지 못하면 절대로 귀신으로부터 자유 함을 받을 수가 없습니다. 이 땅의 크리스천 중 정말 예수님과 긴밀하게 교제하며 그분과 인격적인 관계가 열린 크리스천은 누구나 귀신을 쫓아낼 수 있다고 믿습니다.

그러나 자신이 스스로 영적인 자립 능력을 갖추려 하기보다는 능력 있다는 사람을 찾아다니면서 귀신만 쫓아내려고 하지 않습니까? 이런 크리스천 자신에게도 문제가 있는 것입니다. 귀신은 자신 안에 계신 성령님이 하십니다.

　이처럼 축사의 핵심 주인공인 예수님과 성령님은 온데간데없고 귀신 축사하는 사역자가 주인공으로 주목을 받는, 세태가 현실이지 않습니까? 그러나 거듭 반복해서 말씀합니다. 축사는 사람이 아닌 예수님과 성령님이 주인공입니다. 그분의 능력으로만 귀신을 쫓을 수 있습니다. 목회자들도 자신들의 능력이 아닌 위로부터 성령의 능력을 입어야 귀신을 쫓을 수 있습니다. 성령의 역사가 목회자를 장악하지 않으면 축사 사역을 할 수가 없습니다. 축사는 사역자에게 역사하는 성령께서 환자에게 전이되어 환자 안에서 성령의 역사가 일어남으로 귀신이 떠나가는 것입니다. 절대로 스스로 능력 있다고 자처하는 목사가 귀신을 불러내어 쫓아내는 것이 아닙니다. 바르게 알아야 합니다.

　성령님이 함께 하시지 않는 분들은 축사 쇼는 할 수 있어도 성도를 영적으로 변하게 하는 진정한 축사는 할 수 없습니다. 축사는 성령의 역사가 환자 안에서 일어나야 합니다. 환자의 안에서 일어나는 성령의 권능으로 귀신이 축사 되는 것입니다. 사람이 영적으로 변화되어야 합니다. 바르게 알아야 합니다.

　크리스천 스스로 예수님께 간절히 기도하면 성령의 지배를 받으면 스스로 기도할 때 귀신이 쫓겨나갈 것입니다. 차라리 성령으로 세례 받고 충만 받는 일에 관심을 집중하라는 말입니다. 자신 안에 성전을 견고하게 짓는 일에 집중하라는 말입니다.

이제 특정인을 통하여 영적인 문제를 100% 해결 받으려고 하지 마십시오. 단지 그분들을 도구로 하여 자신 안에 성령님과 관계를 열려고 하십시오. 알아야 할 것은 능력자를 통해서 70%까지 치유를 받을 수 있습니다. 나머지 30%는 본인이 기도하여 하나님과 관계를 열어서 해결해야 합니다. 뿌리는 자신이 기도하여 하나님과 관계가 열릴 때 뽑히는 것입니다. 모든 답은 크리스천의 책상 위에 있는 성경에…. 크리스천의 마음 안에 계시는 성령님…. 그리고 크리스천의 두 무릎에 있습니다. 귀신 쫓는 사역은 사람이 하는 것이 아닙니다. 귀신 쫓는 사역은 예수님께서 성령의 역사로 해주시는 겁니다. 한국교회의 순진한 크리스천들이여…. 제발 영적인 문제를 해결하는데 100% 능력 있다는 목사 의존증을 버립시다. 목사 의존증은 영적인 병입니다. 능력자는 의존하게 하는 것은 하나님과 관계를 열지 못하게 하려는 귀신의 술책입니다. 종국에는 자신과 하나님과 관계가 열려야 귀신으로부터 자유로울 수가 있습니다. 치료는 예수님, 성령님만 의존입니다. 성령으로 세례 받고 성령의 지배를 받는 것이 의존합시다. 영적으로 고통당하고 있는 자신도 성령의 지배를 받는 특별한 사람이라는 것을 잊지 마십시오.

다섯째, 귀신 쫓는 것보다 성령의 지배를 받으려고 하라. 성도들의 의식이 영육의 문제가 있으면 귀신만 쫓아내면 해결되는 줄

압니다. 제가 성령치유 사역을 하면서 체험한 바로는 귀신만 쫓아내면 다되는 줄 알고 있는 성도들이 많습니다. 귀신만 쫓아내면 문제가 해결 된다고 하니까 귀신만 쫓아내려고 합니다. 이곳저곳 능력이 있다는 사람을 찾아다니면서 귀신만 쫓아내려고 합니다. 그러다가 치유의 시기를 놓쳐서 비참한 결과를 초래하는 경우가 많습니다. 정신적인 문제나 영적인 문제나 할 것 없이 귀신만 쫓아내면 문제가 해결되지 못합니다. 문제가 있으면 반드시 원인이 있습니다. 원인을 해결하면서 스스로 싸울 수 있는 영적인 능력을 길러야 합니다. 즉, 말씀을 듣고 기도해야 합니다. 스스로 기도하며 싸울 수 있는 영성을 길러야 합니다. 그렇지 않고 완력으로 축사를 하려고 하면 문제가 발생합니다.

귀신의 축귀는 사람의 힘으로는 할 수가 없습니다. 악귀는 사람의 힘보다 강합니다. 그래서 사람의 힘만으로는 악귀를 몰아낼 수가 없습니다. 반드시 악귀보다 강한 성령의 권능을 덧입어야 가능한 것입니다. 축귀사역은 전전으로 성령의 권능으로 하는 것입니다. 귀신 축사보다 성령의 지배를 받으려고 노력을 해야 합니다. 귀신의 축사는 사람의 능력으로 하는 것이 아닙니다.

성령의 권세가 귀신을 축귀하는 것입니다. 성령은 어디에 계시는 가 먼저 믿는 자의 영 안에 거하십니다. 성령으로 세례 받은 사람들이 모여 있는 곳에 임재 하여 계십니다. 또 성령으로 충만한 사역자가 영으로 전하는 말씀 안에 역사하십니다. 축귀는 사역자에게 역사하는 성령의 역사를 피 사역자에게 전이 시켜서 피 사역자 마음 안에서 성령의 역사를 일어나게 하여 성령의 권능으로 밀어내는 것입니다. 능력 있는 사역자가 하는 것이 절대로 아닙니다. 사역자는 귀신의 영향을 받는 환자의 영 안에서 성령의 역사가 일어나게 하는 영적인 방법을 알고 있어야 합니다. 저는 축귀 사역을 절대로 성령의 임재가 되지 않은 사람은 성령의 임재가 장악될 때까지 기다립니다. 성령님이 장악하시면 사역을 시작합니다.

　만약에 사역자가 성령의 임재가 되지 않은 사람을 축귀했을 경우, 그 당시 성령 사역자의 능력으로 악귀가 떠날 지라도 시간이 경과되면 다시 들어갑니다. 왜냐하면 피 사역자가 성령으로 충만한 상태가 아니므로 다시 들어가는 것입니다. 축귀사역을 바르게 하려면 찬송을 뜨겁게 부르고 주여! 하면서 소리 내어 기도해야 합니다. 그리고 영의 말씀을 들어야 합니다. 필자의 체험으로는 피 사역자가 깊은 영의 말씀을 잘 알아들어 영적으로 변하는 만큼씩 귀신이 떠나갔습니다. 축귀는 시간이 걸리는 일입니다. 성령님의 일입니다.

9장 깊은 기도하는 습관을 만드는 비결을 터득해야지요

깊은 기도로 하나님께서 마음 안에 숨겨두신 권능과 지혜와 보물을 찾아서 사용하려면 기도하는 습관을 만들어야 합니다. 하나님께서 예수를 믿는 우리들에게 주신 놀라운 선물이 있는데 그것은 바로 마음 안으로 들어가는 "기도"라는 선물입니다. 사람들은 '기도' 그러면, 그냥 자기들이 원하는 것을 할 수 없으니깐 하나님께 기도해서 "이것 주세요. 저것 주세요." 하는 것이라고 생각합니다. 물론 기도가 하나님께 필요한 것을 구하는 것이긴 합니다. 하지만, 놀라운 것은 기도가 단순히 무언가를 구하는 것만은 아니라는 사실입니다. 예수님이 막11:24에 "내가 너희에게 말하노니 무엇이든지 기도하고 구하는 것은 받은 줄로 믿으라. 그리하면 너희에게 그대로 되리라" 이런 말씀처럼, 구하는 것이 기도이기는 하지만, 기도에는 또 놀라운 비밀이 있다는 것입니다. 기도 하므로 마음에 하나님으로 채워지는 것입니다. 무시로 하나님을 찾으면서 기도할 때 마음에 성령으로 가득하게 채워지는 것입니다.

기도의 첫째 비밀은 바로 '쉼'을 준다는 것입니다. 성경 요16:24에 "구하라 그리하면 받으리니 너희 기쁨이 충만하리라" 라고 나와 있습니다. 즉 우리는 살면서 스트레스를 많이 받습니다. 크리스천들도 스트레스를 받습니다. 그런데 스트레스를 받으면, 사람들이 병도 걸리고, 판단력이 흐려지고, 공부도 하기 싫고 짜

증만 나고, 그러다가 영육의 탈진(번 아웃)에 빠져 정작 중요한 일, 필요한 일을 하지 못하는 경우가 생깁니다. 모든 문제가 스트레스를 해소하지 못하여 생긴다고 해도 과언이 아닙니다. 정작 중요한 일, 필요한 일을 하지 못하는 경우가 생깁니다. 그런데 놀라운 것은 기도를 하면, 마음이 혼란해 지다가도 차분해지고, 기도를 하면, 머리가 어지럽고 힘든 것도 하나님께서 성령으로 정리하여 주시니깐 마음이 편안해지는 것을 경험하게 됩니다. 그런데, 정작 힘들 때 기도하는 습관이 들어있지 않는 크리스천들은 기도가 되질 않는다는 겁니다. 자, 이제 아주 짧은 기도를 가르쳐 드리겠습니다. 아무나 바로 쉽게 할 수 있는 '예수의 기도'라는 것입니다. 만일 기도할 수 없을 정도로 힘들 때, 특히 이른 아침이나 언제든지 어려운 일이 생길 때 이 예수의 기도를 따라서 기도해 보시기를 바랍니다.

빼꼼, 아래에 의식을 두고 숨을 들이쉬고 내쉬면서 "예수님! 기도를 도와주세요." "예수님! 사랑합니다." 예수님 감사합니다." "예수님! 이떻게 해야 합니까?" 여러 번 반복하면서 기도하면 성령이 충만해지므로 복잡했던 생각도 없어지고, 아프던 머리도 없어지고, 우울했던 마음도 기뻐지고, 그리고 더 놀라운 것은 피곤한 몸과 정신이 맑아짐을 경험한다는 것입니다. 바로 이것이 기도의 첫 번째 비밀입니다. 기도는 이렇게 단순하게 예수님을 찾는 것입니다.

기도의 두 번째 비밀은 바로 '통찰력'이 생긴다는 것입니다. 통찰력이란 미래를 내다 볼 수 있는 안목이나 힘인데, 세상 사람들은 이것을 '정보'라고 하기도 하고, '창의력'이라고 말하기도 합니다. 우리들은 스스로 자기 자신이 똑똑하다고 생각하며 살고 있습니다. 그런데 사실은 1분 후에 나에게 어떤 일이 일어날지도 모르면서 살아가는 바보들 아닐까요? 어떤 사람이 이런 말을 했습니다. '만일 인간이 5분 후에 일어날 일을 예측할 수만 있었다면 인류의 역사는 달라졌을 것이다.' 그렇습니다. 인간들은 5분 후에 자기 자신이 어떻게 될지도 모르면서 인생을 살아가는 나약한 존재라는 것입니다. 그런데 놀라운 것은 성경에 성령으로 기도하는 사람에게는 하나님이 놀라운 비밀들을 가르쳐준다고 말씀하고 있습니다. 렘33:3에 "너는 내게 부르짖으라. 내가 네게 응답하겠고 네가 알지 못하는 크고 은밀한 일을 네게 보이리라"라고 약속하셨습니다.

21세기에 세계적인 글로벌 리더가 되려면 필요한 것이 '창의력'이라고 말합니다. 그래서 요즘 '창의력'이란 말을 참 많이 씁니다. '창의력 수학', '창의력 국어' 그런데 창의력을 오해하는 사람들이 많은 것 같습니다. 창의력은 새로운 것을 만들어 내는 능력이 아닙니다. 인간에게는 진정한 창의력이 없습니다. 창의력은 하나님이 이미 만들어 놓으신 것을 발견하는 능력입니다. 그런데 바로 이 창의력은 성령으로 기도하는 사람에게 하나님이 주신다는 약속인 것입니다. 창의력은 성령님이 주인으로 계시는 마음 안에서 나오기 때문입니다. 발명왕 에디슨, 만유인력을 발견한 뉴튼 등 놀라운 위인들 가운데에 기도하는 사람들이 많았다는 사실을 크리스천들은 기억하시기 바랍니다. 기도할 때 영의 상태가 되어 자신의 마음 안에 계신 하나님으로부터 창의력이 올라오기 때문입니다.

　우리가 알아야 할 것이 있습니다. 주님의 일을 할 때 전에 이렇게 했으니 지금도 이렇게 하면 된다는 논리입니다. 이는 지극히 인간적인 논리입니다. 하나님은 매번 일하시는 방법이 다르십니다. 그러므로 항상 기도하여 하나님께 의중을 물어 보고 행하는 습관을 들여야 합니다. 하나님은 그렇게 하시면서 하나님께 집중하는 크리스천을 만들어 가시는 것입니다. 전에 이렇게 했으니 지금도 이렇게 한다는 자신의 생각입니다. 항상 기도하여 질문하고 알려주시는 대로 순종해야 합니다.

　기도의 세 번째 비밀은 '병이 치유되고 우리의 죄가 용서되는 능력이 있다.'는 것입니다. 약5:15-16 "믿음의 기도는 병든 자를 구원하리니 주께서 저를 일으키시리라 혹시 죄를 범하였을찌라도 사하심을 얻으리라" 필자는 25년 이상 환자들을 치유하는 사역을 했습니다. 모두 깊은 기도하여 영의 상태가 되니 병이 치료가 되었습니다. 아플 때 약만 먹는 것보다, 기도하면서 약을 먹는 것이 더 치료가 확실하다고 간증하는 사람들이 많습니다. 실제로 의사들이 조사를 해보니 어떤 병이든지 기도만 해도, 병의 25% 즉 4분의 1은 기도로 낳는다고 합니다. 기도할 때 성령의 역사로 영적-정신적-육체의 기능이 정상이 되어 치료의 물질이 생성되기 때문입니다. 실제로 필자가 병원에 능력 전도 할 때 안수 받고 약 먹으니 치유가 빨랐습니다. 그런데 병만 치료되는 것이 아니라 우리가 회개 기도하면 하나님이 용서해 주십니다.

필자는 TV를 많이 보지 않는 편입니다. 그렇지만 때론 저녁 식사 후 소파에 앉아있을 때는 TV 리모컨을 꺼내 들기도 합니다. 좋아하는 방송은 다큐멘터리나 스포츠 등이지만 '인간극장'이나 '세상에 이런 일이' 등의 프로 그램도 재미있게 봅니다. 최근에는 '생활의 달인'코너를 보면서 각종 생업에 오랫동안 종사한 이들 중에서 탁월한 실력을 소유한 이들을 보고 감탄하고 있습니다. 이들의 직업은 다양합니다.

양파를 까거나 망에 담는 이들도 있고, 우엉을 깎는 일, 삼계탕을 요리하는 주방장, 빵 만드는 일, 칼을 가는 일, 꽈배기를 만드는 75세의 노인들이 있지만, 하나같이 실력은 놀랍기 그지없습니다. 오랫동안 숙련된 기술에 몸이 자동적으로 반응을 하는 것이 공통된 모습입니다. 필자가 생활의 달인 프로그램을 즐겨보는 이유는 필자는 성령 치유의 달인과 깊은 기도의 달인이 되겠다는 꿈이 있기 때문입니다. 필자가 '생활의 달인' 코너에 나오는 달인처럼, 눈으로 보지 않아도 몸이 저절로 반응하는 경지에 달하는 수준에 오르는 기도를 한다면 어느 정도의 경지일까? 하고 생각해 보았습니다. 그렇지만 머리에 떠오르는 것이 그리 어렵지 않았습니다. 성경에는 기도의 달인이라고 부를 수 있는 이들이 적지 않게 등장하기 때문입니다.

쉬지 말고 기도하라고 한 바울, 항상 기도할 것을 주문한 예수님, 기도를 쉬는 죄를 범하지 않게 해달라고 한 사무엘 등 찾아보면 적지 않습니다. 이들의 공통점은 그들 스스로가 평소에 쉬지 않고 기도를 하는 경지에 올라있음에 틀림없습니다.

그래서 필자도 사역을 시작하고 나서 쉬지 말고 기도하는 수준의 경지가 어느 정도일까 궁금해 했습니다. 그렇지만 우리 주변에는 기도의 습관이 되어 있지 않아 식사 기도를 하는 것조차 멋쩍어하는 이들이 적지 않습니다. 새벽기도라도 나간다면 기도를 열심히 한다고 생각하며 심야 기도나 기도원에서 금식기도라도 한다면 대단한 수준이라고 생각하기 십상입니다. 보이는 면에 치중하기 때문입니다. 그렇지만 예수님이나 바울이 말하는 수준의 경지에 도달하기에는 한참 멀었습니다. 쉬지 않고 기도하는 수준은 정해진 기도 시간이나 기도회에 참석해서 기도하는 정도가 아니라, 일상의 삶에서 몸이 자동적으로 반응해서 자신도 모르게 하나님께 기도하는 수준에 올라서야 합니다.

말하자면 생활의 달인처럼 무의식적으로 몸이 반응하여 하나님을 찾고 기도하는 사람이 되는 것입니다. 그렇다면 아주 소수의 사람들만이 기도의 달인의 경지에 올라서야 하는 것일까요? 그것은 아닙니다. 크리스천이라면 예외 없이 기도의 달인에 올라서야 하는 것입니다. 일상의 삶에서 쉬지 않고 기도하는 경지에 도달해야 하는 이유는 성령의 내주하는 삶에 필수적이기 때문입니다. 육체의 욕심을 만족시키는 것은 특별히 노력을 하지 않아도 됩니다. 누구나 육체의 쾌락이나 탐욕을 원하는 삶을 추구하며 살고 있습니다. 그래서 사람들은 돈을 벌기 위해 노력하고 부자가 되기 위해 인생을 바칩니다. 육체의 욕심이나 쾌락을 만족시키는 것에 돈만한 것이 없습니다. 돈만 있다면 맛난 것, 좋은 옷, 고급 차 등 육체가 원하는 삶을 부족하지 않게 누리게 해줍니다.

그렇지만 육체가 아니라, 영이 소망하는 삶을 살려면 영적인 사람이 되어야 합니다. 육체를 지닌 사람은 자연스레 육적인 사람이 되지만, 신이신 하나님과 친밀하게 지내는 신적인 사람이 되려면 끊임없이 신적인 습관을 추구해야 합니다. 말하자면 성령이 내주하시고 충만하신 상태를 항상 유지하는 기도하는 상태가 되어 있어야 가능합니다. 성령이 내주하시면 어떻게 살아야 할지를 깨닫게 해주고 가르쳐주시고 인도해 주시기 때문입니다.

그래서 틈만 나면 성령님을 찾고 부르며 그분의 내주를 즐기고, 그분의 인도하심을 따라 하나님이 기뻐하시는 뜻대로 살아가야 신적인 사람이 되는 것입니다. 하나님과 동행하는 크리스천입니다. 걸어 다니는 성전 의식을 가진 자입니다. 예수님은 이러한 사람을 성령으로 다시 태어난 상태라고 말씀하셨습니다. 이 경지에 도달하게 되면 평안하고 기쁘게 사는 것은 기본이고, 놀라운 마음 안에서 나오는 영적 능력으로 신령한 지식과 지혜, 귀신을 쫓아 내며 질병을 낫게 하고 음성을 듣고 순종하면 환경에 보증의 역사가 나타나는 등의 초자연적인 5차원의 능력을 경험하게 됩니다.

또한 이러한 상태가 오래되면 성령의 열매인 하나님의 거룩한 성품으로 변화하게 되는 것입니다. 그렇지만 안타깝게도 신앙의 경륜이 오래되었고 교회의 직책이 무거운 사람조차 이러한 능력을 소유한 이를 보는 것은 쉽지 않습니다. 그 이유는 교회는 오래 다녔는지는 모르지만 성령과 동행하는 삶에 무지하기 때문입니다. 관념적으로 신앙생활을 하기 때문입니다. 자신을 진단하여 신앙 성숙의 자리로 나와야 할 것입니다.

다시 돌아와, 성령 충만하고 성령으로 거듭났다고 말하는 이를 보는 것은 쉬운 일이지만, 성령이 내주하시는 증거인 놀라운 영적 능력을 나타내 보이라 하면 꼬리를 내리고 과거의 사건만 반복해서 말하는 이가 적지 않습니다. 하나님은 과거의 하나님이 아니라 현재의 하나님이시듯이, 과거에 성령 충만했던 사실이 중요한 게 아니라, 현재에도 그러한 상태를 항상 유지해야 합니다.

이는 쉬지 않고 기도하는 실제적인 영적인 습관을 들이지 못한 탓입니다. 항상 하나님을 찾는 크리스천이 되어야 합니다. 한 때 성령 충만 한데 중요한 게 아닙니다. 지금 이 순간 성령이 내주하시는 삶을 유지해야 하는 것입니다. 과거에 열심히 기도했던 경험이 중요하지 않습니다. 지금 이 순간 쉬지 않고 기도하는 사람이 되어야 합니다. 교회의 기도 시간이나 기도원에서의 기도가 아니라, 일상의 삶에서 쉬지 않고 기도하는 신적인 습관을 들이지 않는다면 성령으로 거듭나는 삶은 언감생심입니다. 필자는 아침과 잠자리에 들기 전에 각각 한두 시간 기도하는 것을 습관으로 들이고 있지만, 그게 전부가 아니라 낮에도 틈만 나면 하나님~ 하면서 하나님을 찾는 기도를 합니다. 자동차 안이든, 집이든, 길을 걸어가면 서든, 공원의 벤치이든 상관하지 않습니다. 눈을 뜨고 기도할 때도 많습니다. 그래서 하루 종일 기도하여 하나님으로 채우려고 노력을 합니다.

  물론 아직까지 기도의 달인의 경지에 도달했다고 할 수 없지만, 적어도 기도의 달인이 되려고 애쓰고 노력하고 있는 것은 분명합니다. 쉼 없는 기도에 도달하려면 성령이 내주하시는 기쁨과 평안을 누려야 가능합니다. 성령이 내주하시면 자신의 의지가 아니라 성령의 이끌림에 따라 기도에 몰입하게 됩니다. 물론 이 때의 기도는 응답의 바라는 기도 목록의 나열이 아니라, 하나님! 하면서 하나님의 이름을 찾고 부르며 그분의 내주를 갈망하고 찬양하고 감사하는 기도가 대부분입니다. 기도가 신앙인의 의무가 아니라 기쁨과 평안의 누리는 시간으로 채워짐을 경험할 때 비로소 쉬지 않고 기도하는 경지에 도달할 것입니다.

  하나님의 자녀에게는 특권이 있는데 적어도 4가지 특권이 있습니다.   사랑받을 특권 = 내가 하나님의 사랑을 받는 것을 안다면 틀림없는 자녀입니다. 그리고 사랑은 환경을 초월하여 특히 내가 힘들고 어려울 때 더 많이 느낄 수 있습니다.   보호받을 특권 = 하나님의 보호하심을 얼마나 많이 경험하고 살고 있습니까? 특히 운전하는 사람들은 좀 더 많은 하나님 아버지의 보호하심을 경험하였으리라 믿습니다.   상속받을 특권 = 큰 기업을 상속받을 후계자는 경영수업을 받습니다. 그러므로 하나님의 자녀들이 이 땅에서 어려움을 견디며 사는 것은 마치 후계자 수업을 받는 것이라고 보시면 정확한 표현일 것입니다. 청구할 수 있는 특권이 있습니다. 기도는 청구하는 특권입니다. 어린 자녀는 부모에게 끊임없이 요구합니다. 함께 있어 주기를 바랍니다. 눈에 안보이면 울어버립니다. 이것이 자녀의 특성입니다. 유형무형 교회의 힘이 어디에 있다고 생각하십니까? 기도입니다. 네 맞습니다. 할렐루야! 기도하는 성도와 예배당이 힘 있는 성전이고 교회입니다. 힘이 없으면 고개를 들 수도 뒤집을 수도 기어갈 수도 일어나 앉을 수도 일어설 수도 걸을 수도 뛸 수도 없습니다.

우리가 인생을 살아가면서 기본기가 중요하지 않은 것은 하나도 없습니다. 그렇습니다. 무슨 일이든지 기초가 가장 중요합니다. 기도는 신앙생활에 기초입니다. 기도의 근육이 붙지 않으면 신앙생활을 지속하기가 어려울 수밖에 없습니다. 한마디로 힘이 없으면 아무것도 할 수 없습니다. 그런데 교회의 힘이 어디에서 나온다고요? 네 기도에서 나옵니다. 예수님은 이렇게 말씀하십니다. "집에 들어가시매 제자들이 조용히 묻자오되 우리는 어찌하여 능히 그 귀신을 쫓아내지 못하였나이까? 이르시되 기도 외에 다른 것으로는 이런 종류가 나갈 수 없느니라 하시니라"(막9:28-29).

그저 하나님을 찾는 기도가 능력입니다. 그래서 주님은 우리에게 기도할 것을 말씀하셨습니다. 그리고 성전을 내 집은 만민이 기도하는 집이라고 하셨습니다. "그들에게 이르시되 기록된바 내 집은 기도하는 집이라 일컬음을 받으리라 하였거늘 너희는 강도의 소굴을 만드는 도다 하시니라"(마21:13). "너희는 너희가 하나님의 성전인 것과 하나님의 성령이 너희 안에 계시는 것을 알지 못하느냐. 누구든지 하나님의 성전을 더럽히면 하나님이 그 사람을 멸하시리라 하나님의 성전은 거룩하니 너희도 그러하니라"(고전 3:16-17).

성도는 살아계신 하나님의 성전으로 기도하는 사람입니다. 예배당 교회는 하나님께 기도하는 집입니다. 주님은 늘 기도로 사셨습니다. "나와 아버지는 하나이니라 하신대"(요10:30). 습관이 중요합니다. 어떤 사람은 눈을 깜박거리는 습관이 있습니다. 어떤 사람은 다리를 떠는 습관이 있습니다. 어떤 사람은 말할 때 눈을 감고 말하는 습관이 있습니다. 어떤 사람은 늦게 자고 늦게 일어나는 습관이 있습니다. 또 어떤 사람은 어른이 되어서도 손톱을 물어뜯는 습관이 있습니다. 그 밖에도 많은 좋지 않는 습관을 가진 사람들이 있습니다.

예수님께서도 습관이 있었습니다. 새벽에 기도하는 습관이 있었습니다. "예수께서 나가사 습관을 따라 감람산에 가시매 제자들도 따라갔더니"(눅22:39). 예수님을 믿는 우리들도 기도하는 습관을 가져야 합니다. 주님은 항상 하나님 아버지와 교제하셨습니다. 기도를 향한 투자는 결코 낭비의 시간이 아닙니다. 걸어 다니는 성전인 성도와 교회 예배당의 힘은 어디서 나올까요? 그리스도인의 힘은 어디에서 나오는 걸까요? 교사들이 깨어서 기도하지 않는데 다음 세대가 정말로 영적으로 깨어있는 세대가 나올 수 있을까요? 불가능합니다. 예배당 교회는 회사가 아닙니다. 교회 예배당에서 하는 목회는 사업이 아닙니다. 하나님의 나라 성전을 만드는 운동입니다. 살아계신 하나님을 증명하는 곳입니다.

고든 맥도날드 목사는 사람은 두 종류의 사람이 있다고 하였습니다. 충동에 이끌려 사는 사람이 있다고 하였습니다. 충동에 이끌리어 이리저리 부딪치며 사는 사람들이 있습니다. 계획 없이 감정에 치우쳐서 생각 없이 행동하는 사람들로 그저 되는 대로 세상을 살아가는 사람들을 가리키는 것입니다. 소명에 이끌리어 사는 사람이 있습니다. 기도하지 않고 소명에 이끌리어 살 수 있을까요? 기도하지 않고 하나님의 뜻을 분별할 수 있을까요? 기도하지 않고 하나님의 뜻대로 살 수 있을까요? 하나님은 마음 안에 뜻을 숨겨두셨습니다. 기도하여 마음 안에 들어가야 하나님의 뜻을 알 수가 있습니다. 기도는 하나님의 뜻을 알아내는 거룩한 특권입니다. 기도하지 않는 교회가 부흥하는 것 보셨나요? 기도하지 않는 사람이 하나님의 살아계심을 증명하는 것 보셨습니까? 그리스도인들의 힘과 지혜는 기도에서 나오는 줄 믿으시기 바랍니다.

성도에게 주신 하나님의 가장 위대한 선물은 '기도'입니다. 기도하면 하나님이 가장 선한 모습으로 응답해 주십니다. 그 사실을 사탄은 잘 알기에 사탄의 제일 과제는 성도가 기도하지 못하게 하는 것입니다. 사탄은 기도 없는 성도의 땀과 노력을 우습게 봅니다. 그러나 성도가 기도의 무릎을 꿇으면 사탄은 벌벌 떱니다. 성령으로 기도하면 전인격이 성령의 지배를 받기 때문입니다. 그러므로 하루의 첫 시간을 말씀과 기도로 시작한다는 것이 얼마나 큰 축복인지 모릅니다. 살아계신 하나님을 체험하며 증명하는 삶을 살기 위하여 어떻게 해야 합니까?

첫째, 꾸준히 항상 기도하는 습관이 되어야 합니다. 성공적인 사람들의 공통 분모는 꾸준함입니다. 무엇이든 했다 말았다 하면 아무 것도 안 됩니다. 재능이나 실력은 좀 부족해도 괜찮습니다. 꾸준함 하나만 있어도 상당한 정도까지 성공할 수 있습니다. 공부 잘하는 것도 머리 때문이 아니라 꾸준함의 유무 때문인 경우가 많습니다. 기도 중의 최고의 기도도 꾸준하고 끈질긴 기도입니다. 좋은 일을 하는 것도 중요하지만 그 좋은 일을 습관화시키는 것이 더 중요합니다.

둘째, 감사하며 기도해야 합니다. 사실 기도 중에 가장 많이 해야 할 말은 감사입니다. 어떤 사람은 기적적인 축복이 없는 것 때문에 불평하지만 사실 평범한 것에 더 큰 하나님의 은혜가 있습니다. 사람들은 언제 건강에 대해 감사합니까? 병들었다가 기적적으로 병이 나을 때 감사합니다. 그러나 엄밀하게 말하면 병들어서 기적적으로 나은 사람보다 병에 들지 않는 사람이 더 기적의 주인공이고 더 감사한 것입니다. 그처럼 보이지 않는 더 큰 하나님의 은혜를 생각하고 감사를 생활화하십시오.

행복은 '감사하는 마음'과 '감사로 받는 마음'에서 옵니다. 무엇을 받을 때도 당연하게 받지 말고 감사하면서 받으십시오. 부모의 사랑을 자식들은 당연하게 받는 것이지만 사실 감사로 받아야 그 관계의 의미가 깊어집니다. 우리 교회 사역을 통해 은혜를 받고 감사한 마음을 진하게 표현하며 선교에 동참하는 분들이 있습니다. 그처럼 감사가 순환되면서 하나님의 사역이 이뤄지는 모습을 보십시오. 감사는 감사를 증폭시키고 새로운 감사 거리를 낳습니다. 최고의 기도는 감사가 넘치는 기도이고 최고의 영성은 감사하는 영성이고 최고의 예언은 입에서 나오는 감사의 고백입니다.

왈터 힐튼(Walter Hilton)은 말하였습니다. "기도는 마음의 욕구를 세상으로부터 멀리하고 하나님께 올라가는 것"이라고 했습니다. 루이스 부뢰크(Ruysbroeck)는 "기도란 사랑의 사다리를 타고 하나님께 올라가는 것"이라고 했습니다. 그렇습니다. 기도는 우리 정욕, 욕심, 탐욕, 더러움, 죄, 어두움, 불안 염려, 무능, 현세의 이익을 모두 버리고 하나님을 향하여 내미는 우리의 촉수입니다. 기도는 죽음, 악함, 파괴, 전쟁이 가득한 이 세상에 그 사랑, 그 인자하심, 그 섭리, 그 다스림을 주시려고 내미시는 하나님의 촉수인 것입니다. 그러기에 우리는 기도를 통해서 전능하신 하나님께 나가며, 전능하신 하나님께서는 기도를 통해서 우리에게 오시는 것입니다. 그러므로 누구든지 기도의 손을 뻗는 한 그는 하나님의 전능하심으로 살기에 이 세상에서 하나님의 전능하신 모습을 보이고 사는 것입니다.

고든 맥도널드라는 사람은 "오늘 현대인 가운데에는 인생을 살아가는 두 가지 유형이 있다고 하였습니다. 하나는 충동적으로 끌려 다니는 사람이고, 또 하나는 소명에 의한 삶을 살아가는 사람이다. 무엇이 중요한 것인가를 깨닫고, 생각하고, 그것을 계획하고 그 소명을 이루어 나가는 사람이다."

왜 기도합니까? 하나님의 뜻을 알 수 있도록, 그리고 하나님의 뜻에 복종하도록, 하나님께서 예비한 길을 따라가기 위하여, 그리고 하나님의 뜻에 쓰임 받도록 이것이 기도 생활에 절정이요 축복인 것을 믿으시기 바랍니다. 그렇습니다. 기도는 하나님의 뜻을 따르고 하나님의 뜻을 따라 살아가는 것입니다. 깊은 기도는 성령 하나님께서 주인으로 계시는 마음 안으로 들어가는 것입니다.

3부 마음 안으로 들어가 보물 찾는 기도 숙달하기

10장 성령으로 기도하며 마음 안에 보물 찾는 법

깊은 기도하며 마음 안으로 들어가 하나님께서 숨겨두신 권능과 지혜와 보물을 찾아서 사용하려면 성령으로 기도를 해야 합니다. 하나님께서 마음 안의 보물을 찾아내려면 예수를 믿고 죽고 예수로 다시 태어나 성령의 인도를 받으며 예수님의 인생을 사는 사람이 성령으로 마음 안으로 들어갈 수 있는 장치를 하셨기 때문입니다. 하나님은 예수를 믿고 성령으로 거듭난 우리에게 성령 안에서 기도하라고 하십니다. 우리가 신앙생활 하는 가운데, 가장 어려운 것 한 가지가 바로 기도입니다. 기도하는 습관이 되지 않으면 기도 생활을 꾸준히 지속적으로 해나가는 것이 얼마나 어려운 가를 우리는 경험하며 살아가고 있습니다.

오늘날 우리가 당면하는 지속적인 기도 생활이라는 도전을 우리가 어떻게 감당할 수 있을까요? 이 고민을 극복하는 한 가지 길은 좋은 기도의 습관을 갖는 것입니다. 사람은 습관에 따라 살아가는 존재이기 때문에 좋은 기도의 습관이 형성되면, 그만큼 기도하기가 쉬워집니다. 저는 기도하는 습관만 되면 기도는 쉽다고 항상 말합니다. 왜냐하면 제가 기도하는 습관이 들으니 기도가 재미있고 쉬워졌기 때문입니다. 기도의 좋은 습관을 가지려면 3가지가 필요한데 ①자신이 기도하기로 작정한 시간 또는 무시로, 항상, ② 정해진 기도의 장소(골방: 자신의 마음 안), ③정해진 기도의 제목 (하나님의 뜻:하나님을 마음에 채우는 것)이 필요합니다.

당신은 어떻습니까? 당신의 기도 생활에 정해진 기도 시간이 있습니까? 기도는 정해진 시간에 하는 것도 좋지만 무시로 항상 자신 안의 주인이신 하나님을 찾는 것입니다. 기도의 장소를 가지고 계시나요. 기도의 장소는 자신의 마음 안 입니다. 어떤 때는 무엇을 놓고 기도를 해야 될지 모르다가도 정해진 기도의 제목이 있어서, 그 제목을 따라 기도하는 가운데 기도할 힘을 얻게 되는 그러한 경험을 해 보셨습니까? 아니면 문제가 생겼을 때 하나님의 의중을 묻고 있습니까?

첫째, 성령의 지배 안에서 기도하라. 기도를 할 때에 자신의 생각이나 머리에서 나온 지식이나 언어 구사를 잘하려고 하는 생각으로 기도하지 말라는 것입니다. 이렇게 기도하면 절대로 마음 안으로 들어갈 수가 없습니다. 자신의 의식이 살아 있기 때문에 성령의 이끌림을 받는 기도가 되지 못합니다. 전인격이 성령의 지배 하에 성령의 의지를 따라서 기도하라는 것입니다. 바른 기도 생활을 위해서 '좋은 기도의 습관'이 중요하긴 하지만 그 보다 더 중요한 것이 있습니다. 그것은 바로 성령으로 세례를 받고 성령의 이끌림을 받으면서 기도하는 것입니다. 우리가 새벽기도를 생각할 때 우리가 항상 새벽에 그 시간에만 살아가는 것이 아니지 않습니까? 우리가 예배당 안에서만 살고 있지는 않지 않습니까? 우리가 가정에서나 직장에서나 세상에서 살아갈 때 우리 앞에 다양하게 펼쳐지고, 우리에게 다가오는 그런 도전과 문제, 그 어려운 상황 속에서 우리의 기도가 정해진 기도의 시간과 기도의 제목만으로는 우리 삶을 다 감당하지 못해요. 그래서 좋은 기도의 습관을 갖는 것도 중요하지만, 우리가 성령 안에서 무시로 항상 기도하는 것 그것은 더욱 중요합니다.

마치 내 영이 기도의 영이신 성령 안에 푹 잠겨 있는 것처럼 내가 하루 24시간 어디에서 무엇을 하고 있든지 하나님과 끊임없는 교통하는 가운데서 내 삶이 진행되는 것, 그것이 바로 기도의 영을 가지는 것인데, 이것이 바로 기도 생활의 이상이라고 할 수 있습니다. 그래서 하나님 말씀은 우리에게 '성령 안에서 기도하라' '성령으로 기도하라'라는 말씀을 여러 번 당부하십니다. 그 중 한 곳인 에베소서 6장 18절을 같이 읽겠습니다. "모든 기도와 간구를 하되 항상 성령 안에서 기도하고 이를 위하여, 깨어 구하기를 항상 힘쓰며, 여러 성도를 위하여 구하라" 과거 개역에는 '무시로 성령 안에서 기도하라'고 했는데, '무시로'란 항상 이란 뜻입니다. 영어로 always 또는 all times입니다. 그렇다면 어떻게 기도하는 것이 '성령 안에서 기도'하는 것일까요? '성령 안에서 기도한다'는 의미는, "성령의 영성과, 성령의 지성과, 성령의 감성을 따라서 기도하는 것이다"라고 말할 수 있습니다. 또, 성령의 인도 가운데 성령의 지배 가운데 기도하는 것입니다. 성령께서 주시는 생각으로 기도하라는 것입니다.

실제적으로 성경에 보면, 성령께서 우리를 위하여 말할 수 없는 탄식으로, 성령의 생각이 삼위일체 하나님과 합치된 상태에서 우리 안에 와계신 성령께서 우리를 위하여 계속 기도하고 계십니다. "이와 같이 성령도 우리의 연약함을 도우시나니, 우리는 마땅히 기도할 바를 알지 못하나 오직 성령이 말할 수 없는 탄식으로 우리를 위하여 친히 간구하시느니라. 마음을 살피시는 이가 성령의 생각을 아시나니 이는 성령이 하나님의 뜻대로 성도를 위하여 간구하심이니라 (롬8:26~27)." '성령 안에서 기도하라'는 엡6장 18절의 말씀을 실행 할 수 있는 그 약속이, 이 로마서 말씀에 주어져 있습니다. 로마서 8장 26~27절속에는, 성령의 [영성] [지성] [감성]이 나타나 있어요. 성령의 영성은 무엇과 같은가요? 어머니의 영성과 같지요. 어머니는 자녀들을 한없는 사랑으로 용납해 주고 품어줍니다. 그러한 것처럼 성령은 포근한 영성, 온유하신 영성, 인자하신 영성으로서 마치 어머니가 자식을 위해 기도하듯이, 성령께서 우리를 위하여 기도하고 계신다는 거예요. 우리는 무엇을 위하여 기도하는지도 모르고, 우리 앞에 어떤 일이 일어날지도 모릅니다.

그렇기 때문에 성령께서 '우리를 위하여 마땅히 무엇을 위해서 기도할지 모르지만, 우리를 위하여 앞서 기도'하고 계신다는 것입니다. 성령의 영성이 그러하단 것입니다. 또 성령의 영성은, 성령은 지성을 가진 인격체이셔서 우리를 위해서 기도 할 바를 명확하게 인지하시고, 그리고 그 생각을 갖고 기도하고 계십니다.

롬8장 27절 말씀에 성령은 지성을 지니신 분이시다. 라는 것을 보여주는 한 표현이 있습니다. '마음을 살피시는 이가 성령의 생각을 아시나니' '성령의 생각'이라고 했습니다. 성령은 생각하신다. 즉, 지성을 지니신 분이십니다. 우리를 향하신 그 성령의 생각이 얼마나 많은지 시편 40편 5절에 이런 말씀이 나옵니다. "여호와 나의 하나님이여 주의 행하신 기적이 많고 우리를 향하신 주의 생각도 많도소이다" 우리의 부모가 자녀를 위해서 기도하지 않습니까? 자녀에 대한 모든 사정을 헤아리고 살펴서 자녀를 위해서 기도합니다. 부모는 자녀를 위해서 기도하지만, 자녀는 부모를 그렇게 생각하지 않아요. 자기 인생이 바쁘기 때문에 내리 사랑을 해서 부모는 자녀를 위해서 그렇게 안타깝게 간절히 기도하지만, 자녀들은 그 부모에 대한 마음을 헤아리지 못합니다. 저도 자녀를 위해서 기도하면서 '이 아이들이, 부모인 내가 이렇게 하나님 앞에서 간절히 자기들을 위해 기도하는 것을 알고 지내기나 하나?' 그런 생각을 할 때가 있습니다.

마찬가지로 우리는 별로 하나님을 생각하지 못하고 살아가지만 성령께서 우리를 위하여, 해변의 모래보다 더 많으신 그 생각,

그 사랑의 생각을 가지고 우리를 위해서 기도하고 계십니다. 또한 성령은 감성을 지닌 분이십니다. 로마서 8장 26절 말씀에 성령의 감성을 보여주는 한 어구 한 표현이 있습니다. "말할 수 없는 탄식으로 우리를 위하여 기도하시는 성령님"이라고 했습니다. 성령으로 기도하는 습관이 되어야 성령의 불로 충만한 삶을 살수가 있습니다.

둘째, 성령으로 기도하라. 성령께서 감동하시고 인도하시는 대로 기도하라는 것입니다. 자신의 생각이나 머리에서 나온 말로 기도하지 말고 성령께서 기도하시게 하라는 것입니다. 우리에게 자신의 생각과 지식으로 자의적인 기도를 하는 습관이 있습니다. 자의적인 기도란 내 생각대로, 내 욕심대로, 내 마음대로 기도하는 것을 말하는 것입니다. 성령으로 기도하라는 것은 내 영이 성령 안에 잠긴 것처럼 성령이 그 영성과 지성과 감성을 따라서 기도하는 것, 그것이 바로 우리가 지향하는 이상적인 성령으로 하는 기도입니다. 부모가 어린 자녀든 장성한 자녀든 자녀를 위해서 밤낮 기도하듯이 성령께서 우리에게 오셔서 나는 의식도 하지 못하는데, 나는 느끼지도 못하는 사이에 나를 위하여 말할 수 없는 탄식으로, 그 많으신 성령의 사랑의 생각을 갖고서, 하나님의 뜻에서 합치된 방향으로 나를 위하여 기도하고 계시는데 내가 그것을 깨닫고 성령의 인도를 따라 기도하는 것이 바로 성령 안에서 기도하는 것입니다.

그것이 그토록 중요한 이유는 우리가 성령 안에서 기도하게 되면, 우리가 중언부언하는 갈구하는 기도는 하지 못하죠. 여전히 우리는 내 짧은 욕심이 들러붙은 그런 마음의 손을 가지고 기도를 하는데, 우리가 점차적으로 성령 안에서 변화를 받게 되면, 우리가 마음속에 품게 되는 소원과 우리가 하나님께 아뢰는 기도의 제목들이 하나님의 뜻에 합치되고 화합하는 방향으로 내 그 기도가 바뀐다는 것입니다. "이와 같이 성령도 우리의 연약함을 도우시나니 우리는 마땅히 기도할 바를 알지 못하나 오직 성령이 말할 수 없는 탄식으로 우리를 위하여 친히 간구하시느니라." 우리의 기도가 성령 안에서 드려지게 되면 우리가 간구하는 것이 하나님의 뜻에 맞게 되니까 하나님께서 하나님의 뜻을 이루어 주시지 않겠습니까?

로마서 8장 28절에 보면 "우리가 알거니와 하나님을 사랑하는 자 곧 그 뜻대로 부르심을 입은 자들에게는 모든 것이 합력하여 선을 이루느니라."하셨습니다. 우리 기도가 성령 안에서 드려지는 기도, 우리의 뜻이 하나님의 뜻에 합치되는 방향으로 변화 받게 되면, 우리가 기도하는 바를 하나님이 응답해 주실 뿐만 아니라, 우리에게 둘러싼 삶의 환경을 하나님께서 절대 주관 가운데 품으시고, 붙드시고, 변경하시고, 조정하셔서 모든 것들을 합력하여 선을 이루게 해 주신다는 겁니다.

그러니까 로마서 8장 28절에 "성도의 모든 것을 합력하여 선을 이루신다"는 구절은, 문맥상 26절과 연결해서 해석할 때, 성령 안에서 기도하는 성도에게, 모든 것이 합력해서 선이 이루어진다는 뜻입니다. 즉 28절의 "성도의 모든 것이 합력해서 선을 이루는" 은총은 26절의 성령 안에서 기도하며 살아가는 자에게 주어지는 축복입니다. 시편 37편 4절 말씀에도 "또 여호와를 기뻐하라. 저가 내 마음의 소원을 이루어 주시리로다."라고 하셨습니다.

우리 기도가 성령 안에서 기도하는 것으로 점차로 바뀌어서 우리가 성령 안에서 하나님을 기뻐하며 살아가게 될 때, 성령님께서 우리 마음속 안에 있는 모든 소원들을 아시고 헤아리시고 살피셔서, 우리로 하여금 하나님께 기도드려서 그 소원들을 다 이루게 해 주시기 때문에 성령 안에서 기도하는 것이 그토록 중요합니다. 그런데 혹자는, '성령 안에서 기도 한다.'는 것은 방언기도 하는 것을 뜻한다고 하여 성령 안에서 기도와 방언 기도를 동일시합니다. 저는 부분적으로는 맞는다고 생각해요. 그러나 다 맞는 것은 아니고, 부분적으로 맞습니다. 성령께서 우리에게 방언의 은사를 주시면, 그 사람은 그 방언 기도를 하는 가운데 성령 안에서 기도하게 됩니다. 알아야 할 것은 방언은 영으로 비밀을 말하는 것입니다. 마음으로 기도를 해야 하기 때문에 성령의 이끌림을 받으면서 말로도 기도하고 방언으로도 기도하는 것이 옳다고 생각합니다. 성령의 이끌림을 받으면서 기도할 때 성령의 영성과 지성과 감성에 내가 편입되어서 내가 그 의미를 다 모르고 기도하는 사이에도 내가 성령 안에서 기도하는 것으로, 나의 기도가 바뀔 수가 있습니다. 그런데 '성령 안에서 기도하는 것'을 방언 기도로만 한정해 놓으면, 방언 기도를 하지 못하는 다른 그리스도인은 성령 안에서 기도할 수 없는 것으로 되니까. 그것은 말이 안 되는 것이지요. 그러므로 방언 은사를 받지 않은 많은 그리스도인들도, 성령 안에서 기도할 수 있습니다. 성령께서 이끄시는 대로 기도하는 것이 성령 안에서 기도하는 것입니다.

셋째, 성령으로 기도하는 법. 기도에 대하여 바르게 알아야 합니다. 많은 성도들이 문제가 있으면 무조건 자신의 소원을 갈구하며 기도하면 문제가 풀어지는 줄로 알고 있습니다. 그래서 무조건 갈구하며 기도하라고 합니다. 그렇지 않습니다. 기도는 성령 하나님의 계시를 받는 것입니다. 문제의 원인에 대하여 하나님께 질문하여 하나님께서 알려주시는 것을 해결하면서 기도해야 합니다. 예를 든다면 귀신을 쫓아내라든가, 마음을 치유하라든가, 죄악을 회개라든가, 용서라든가, 하나님께서 알려주시는 레마를 받아 순종하며 기도해야 문제가 풀어지는 것입니다. 막연하게 문제를 해결하여 주시옵소서. 하며 기도하면 문제가 해결되지 않습니다. 반드시 하나님께 기도하여 하나님께서 알려주시는 해결 방법을 적용하여 해결하면서 기도해야 문제가 풀어지는 것입니다. 성도들이 바르게 알아야 할 것은 자신이 당하는 문제는 하나님의 문제라는 것을 믿어야 합니다.

　그래서 자신에게 일어나는 문제는 하나님이 해결해야 합니다. 왜냐하면 자신은 예수를 믿을 때 죽었습니다. 다시 예수로 태어났습니다. 지금은 성령의 인도를 받으면서 예수님 인생을 사는 것입니다. 그렇기 때문에 성령으로 기도하여 영의 상태가 되면 하나님께 해결 방법을 질문하여 응답받은 대로 조치를 해야 문제가 해결되는 것입니다. 그렇기 때문에 문제를 해결하려면 기도하지 않으면 안 되는 것입니다. 성령으로 기도하여 성령이 충만하여 영의 상태가 되어야 내적인 상처도 치유되고, 귀신도 떠나가고, 병도 고쳐지고, 문제도 해결되고, 하나님의 음성도 들을 수가 있는 것입니다. 성령으로 기도하는 것은 성령의 지배 가운데 성령 안에서 기도하는 것을 말합니다. 마음으로 기도하여 마음의 문이 열려야 영으로 기도하게 되는 것입니다. 영으로 기도하는 것이 성령으로 기도하는 것입니다. 그렇기 때문에 먼저 마음의 기도로 마음의 문을 열어야 영으로 기도할 수가 있는 것입니다. 성령으로 기도하는 비결은 이렇습니다. 숨을 코로 아랫배까지 들이 쉬고 내 쉬면서 주여! 숨을 들이 쉬고 내 쉬면서 주여! 숨을 들이 쉬고 내 쉬면서 주여! 자연스럽게 주여! 주여! 를 하면 되는 것입니다. 방언으로 기도할 줄 아는 분들은 아랫배까지 호흡을 들이쉬고 내쉬면서 방언기도하고, 호흡을 들이쉬고 내쉬면서 방언기도를 합니다. 즉 내면의 활동이 강화되어 자신의 마음 안으로 들어가 지성소에 계신 성령이 밖으로 나오시게 해야 합니다. 코로는 바람을 들이쉬고 배꼽 아랫배로 호흡을 하는 것입니다. 호흡을 깊게 하면서 주여! 하면 성령께서 감동을 주시는 것이 있습니다.

예를 든다면 "자녀를 위하여 기도하라!"하실 수도 있습니다. 그러면 자녀를 위하여 기도하는 것입니다. 자녀에게 문제가 있는 것도 할 수가 있습니다. 자녀에게 바라는 것이 있으면 그것을 기도해도 좋습니다. 기도를 마치고 다시 주여! 주여! 주여! 하면서 기도를 합니다. 다시 성령께서 너의 물질 문제를 기도하라고 하실 수도 있습니다. 물질 문제를 기도합니다. 물질 문제가 어떻게 해서 생겼는지 하나님에게 질문하며 기도합니다. 죄악으로 인한 것이라면 성령의 지배 가운데 회개를 합니다. 회개하고 계속 성령의 지배 가운데 기도를 계속합니다. 그러면 성령으로 충만하게 됩니다. 성령으로 충만하면 죄를 지을 때 들어왔던 귀신이 떠나갑니다. "예수 이름으로 명하노니 죄를 타고 들어온 귀신은 떠나가라. 떠나가라." 한다고 떠나가지 않습니다. 오히려 귀신들이 숨게 하는 것입니다. 그러면 잠시는 평안하다가 조금 지나면 다시 역사하는 것입니다. 성령으로 기도하여 성령으로 충만해지면 귀신이 떠나갑니다.

또 주여! 하면서 다시 기도합니다. 성령께서 다시 감동을 합니다. 너의 건강을 위하여 기도하라! 그러면 자신의 건강을 위하여 기도합니다. 기도하면서 하나님에게 질문을 합니다. 하나님! 저의 어느 부분이 문제가 있습니까? 하면서 기도하여 조치를 취하면 됩니다. 무엇을 결정해야 할 경우는 어느 정도 기도하여 성령으로 충만한 상태가 되면 지속적으로 질문을 하는 것입니다. 이것을 어떻게 해야 합니까? 이것을 어떻게 해야 합니까? 이것을 어떻게 해야 합니까? 지속적으로 질문을 하면 문득 떠오르는 생각이 있습니다. 이것이 하나님의 방법입니다. 이것을 해결하면 치유가 되는 것입니다. 이것이 성령으로 기도하는 것입니다. 어려울 것이 없습니다.

 자신의 생각이나 욕심을 내려놓고 순수하게 성령을 따라 기도하는 것입니다. 보통 성도님들이 하시는 말씀대로 기도 분량이 채워지니까 성령께서 알려주신 것입니다. 기도 분량이 채워졌다는 것은 성령님이 역사하실 수 있는 영적인 상태가 되었다는 것입니다. 절대로 성령은 육의 상태에서 응답을 주시지 못합니다.

 반드시 성령으로 충만한 영의 상태가 되어야 레마를 들려주십니다. 그러므로 영의 상태가 되도록 성령으로 깊은 기도를 해야 합니다. 영의 상태에서 하나하나 감동이나 음성으로 알려주시는 것입니다. 기도의 성공 요소는 성령으로 하나님과 같은 영의 상태에 들어가는 것입니다. 영의 상태에서 성령님과 교통할 수가 있기 때문입니다. 영의 상태가 되어야 세상에서 천국을 만끽하며 살아갈 수가 있는 것입니다. 천국을 누리는 것은 성령께서 자신을 지배하고 장악된 상태에서 가능한 것입니다. 천국을 만끽하면서 세상을 살아가려면 기도를 바르게 해야 자신 안 성전에 계신 성령께서 자신을 통하여 나타내심으로 가능한 것입니다. 기도가 참으로 중요합니다.

넷째, 기도하는 장소를 바르게 알고 기도하라. 필자가 어느 날 새벽에 기도하니까, 성령 하나님께서 이렇게 감동하시는 것입니다. "왜 무당들이 유명한 산에 올라가 장구치고 북치고 하면서 기도하는지 알고 있느냐" 잠시 생각을 해보니까, 유명한 산에 역사하는 산신령을 접신 받으려고 유명한 산을 찾아 기도한다는 생각이 떠올랐습니다. 그래서 "산에 역사하는 산 귀신을 접신 받으려고 산에 가서 기도하는 것입니다." 했더니 성령께서 "그렇다. 산에 역사하는 산신령을 접신 받으려고 산에 가서 기도하는 것이다." 말씀하시는 것입니다.

그러면서 목회자들이나 성도들에게 알려주어 기도 장소의 개념을 바르게 알고 기도하도록 하라고 말씀하셨습니다. "크리스천은 기도는 하나님이 주인으로 계시는 자신의 마음 안에 집중하여 기도하게 하라는 것입니다." 그래서 깊은 기도하며 마음 안으로 들어가라는 것입니다. 기도는 자신 안에 계신 하나님께 기도하시기를 바랍니다. 우리 성도들의 의식이 기도하려면 "기도원 가야 한다. 산에 가야 한다. 교회에 가야 한다."로 고정되어 있기 때문에 자신 안에 계신 하나님께 관심이 두지 않습니다. 하나님께서 자신의 마음 안에 께시는데 자신의 마음 안에 관심을 두지 않기 때문에 예수를 믿으면서도 변화되지 못하는 것입니다. 그렇다고 교회나 기도원에 가서 기도하지 말라는 말로 이해하면 안 됩니다. 교회에 가서 기도에 대하여 바르게 배우고 바르게 해야 합니다. 교회에 가서 성령으로 세례도 받아야 합니다. 필자는 자신 안에 계신 하나님께 관심을 가지고 기도하라는 것입니다.

기도는 자신 안에 계신 하나님께 기도하여 자신이 하나님의 입장이 되어 하나님의 길을 제대로 따라가고 있는지, 바르게 가고 있는지, 돌아가고 있는지를 보는 것입니다. 그리고 자신 앞에 있는 문제를 하나님께 기도하여 하나님의 해결 방법을 알아내는 것입니다. 그리고 알려주신 해결 방법대로 순종하기 위해서 기도하는 것입니다. 기도는 하나님께 무엇을 얻어내려고 하는 것이 절대로 아닙니다. 자신의 상처를 치유하고, 성령으로 충만하며, 하나님과 대화하기 위하여 기도하는 것입니다. 지친 영혼의 쉼을 얻기 위하여 기도하는 것입니다. 기도는 영적-정신적-육체가 쉼을 얻는 시간이라고 생각하며 성령으로 해야 합니다. 이 중요한 기도가 잘못되면 먼저 영혼이 만족을 누리지 못하는 것입니다. 다음은 정신이 만족을 누리지 못하니 정신이 안정되지 못하고 산란한 것입니다. 더 진전이 되면 육체의 질병으로 발생합니다. 따라서 예수를 믿으면서도 세상 사람들과 똑 같은 영육간의 고통을 당하고 사는 것입니다.

11장 영의 통로를 뚫는 깊은 기도하며 보물을 찾는 법

깊은 기도로 하나님께서 마음 안에 숨겨두신 권능과 지혜와 보물을 찾아서 사용하려면 하나님과 영의 통로가 열려야 합니다. 자신의 마음 안에 주인으로 계시는 하나님과 영의 통로가 열리면 깊은 기도를 할 때 성령의 불이 마음 안에서 올라오는 체험을 하게 됩니다. 하나님과 영의 통로가 열려 마음 안에서 성령의 불이 나오는 체험을 하시기를 바랍니다. 예수로 죽고 예수로 살아 하나님의 성전 되어 성령의 인도를 받는 성도라도 육체를 가지고 있습니다. 그렇기 때문에 본인이 마음을 열고 먼저 기도하려고 해야 성령께서 기도를 이끌어 가십니다. 마음이 먼저 감동을 해야 성령께서 역사하신다는 말입니다. 본인의 의지가 중요하고 본인의 의지에 따라 성령님도 역사하십니다. 성령님이 역사해야 온몸으로 기도하며 영이신 하나님과 교통할 수가 있습니다.

그러므로 우리가 하나님과 교통하려면 성령으로 사로잡힌 영적인 상태가 되어야 합니다. 영적인 상태가 되려면 자신 안의 주인이신 하나님과 영의 통로가 열려서 영으로 기도를 해야 하나님과 교통할 수가 있습니다. 많은 분들이 영의 통로라고 하면은 저 보이는 하늘나라에 계신 하나님과 영의 통로가 열려야 한다고 생각을 합니다. 그러나 잘못이해 하신 것입니다.

하나님과 영의 통로가 열린다는 것은 예수를 믿을 때 내 영안에 주인으로 들어와 좌정하고 계신 살아계신 하나님과 영의 통로가 열리는 것입니다. 필자도 27년전 성도였을 때 하늘에 계신 하나님에게 기도해야 되는 줄 알고 한참 목사가 되지 않겠다고 버틸 때 산 기도를 많이 갔습니다. 다른 분들은 능력을 받아서 하나님의 일을 잘해 보겠다고 산 기도를 하시는데, 저는 반대로 목사를 하지 않겠다고 항변하며 산 기도를 했습니다.

그때는 혈기 왕성하고 젊고 힘이 좋아서 산에 올라가 통성으로 기도하면 산이 쩌렁쩌렁 울렸습니다. 저는 그렇게 기도해야 하나님이 들으시고 응답해 주신다고 믿었기 때문입니다. 왜냐하면 제가 20여년간 평신도 생활을 했는데 어떤 목사님 한분도 기도를 내 안에 계신 하나님에게 한다고 알려주지 않았기 때문입니다. 아마 이 책을 읽는 분 중에서도 저와 같은 생각을 가지고 계시는 분들이 있을 것입니다. 우리 교회에 오셔서 성령치유와 영성 훈련을 받으시는 분들 중에도 종종 하나님이 하늘에 계신 줄 알고 계시는 분들이 다수가 있습니다. 그래서 저에게 질문하는 분들이 있습니다. 그러나 하나님은 내 안에 계십니다. 내 안에 계신 하나님과 영의 통로를 여시기를 바랍니다.

첫째, 영의 통로가 열리게 하려면 어떻게 해야 하나. 영의 통로가 열리게 하려는 그 조건과 상태는 여러 가지이지만 첫째 의지를 발동해야 합니다. 본인이 영의 통로를 열겠다는 의지를 발동하여 마음을 열어 불같은 성령으로 세례를 받는 것이 제1의 원리요, 그 다음은 말씀과 성령으로 내적 치유하는 것이 제2의 원리요, 성령의 역사로 귀신 추방의 제3 원리입니다. 귀신은 성령이 역사하면 자동으로 추방이 됩니다. 이 모든 것은 혼자의 영력이나 힘으로는 불가능합니다. 성령의 역사가 일어나는 장소에 가서서 성령으로 세례를 받고 성령으로 충만하고 체험이 많은 사역자의 도움을 받는 것이 좋습니다. 아니 그렇게 하는 것이 빨리 영의 통로가 열리게 할 수 있습니다.

그리하여 생각이 영적으로 바뀌고, 마음이 감동되어, 마음의 열리면 성령이 역사하시니 성령으로 발원한 믿음이 생겨서, 본인의 의지가 발동되어, 본인의 원하는 대로 기도가 되고 몸과 마음이 움직여지고, 적극적인 행동으로 옮겨지는 과정을 거쳐야 합니다. 이 영적 원리는 모든 것에 적용됩니다. 영적인 원리는 성령의 인도 가운데 성경 말씀을 보면 깨달을 수가 있습니다.

둘째, 영의 통로가 열려 불이 나오는 깊은 기도를 하라. 먼저 통과해야 할 것은 성령으로 세례를 받아야 합니다.

1) 영의 통로가 열려 불이 나오는 기도는 어떻게 해야 합니까? 마음을 열고 주여! 하면서 소리 내어 기도해야 합니다.

① 깊은 성령의 지배와 임재 하에 영육이 성령의 만지심을 느끼도록 하여야 합니다. 성령의 임재를 느끼는 현상은 사람마다 다양합니다. 성령의 임재를 못 느끼는 분들의 경우는 주님이 안 오시는 것이 아니라 단순히 못 느끼는 것입니다. 성령께서 만지심을 느끼

도록 성령 충만한 기도로 마음이 영에서 올라오는 감동을 민감하게 느끼도록 훈련해야 합니다.

② 성령의 지배와 임재가 깊어지게 하려면 자신의 의지를 꺾고 단지 그분이 하시는 일을 가감 없이 받아들여야 합니다. 이 훈련을 지속적으로 해야 영적 지각 능력이 배가 됩니다. 어디까지 받아들여야 하는가? 각자의 마음속까지 아니 뼛 속까지 가감 없이 그대로 받아들여야 합니다. 예를 들어 강한 역사가 일어나면 더 강하게 하면서 성령의 역사에 순종하며 따라가야 합니다. 뜨겁게 역사하시면 더 뜨겁게 역사하여 주소서 하며 아이고 뜨거워, 아이고 뜨거워하면서 반응을 순수하게 하면 성령님은 인격이시기 때문에 더 역사하여 주시는 것입니다.

③ 성령이 마음대로 일하시게 해야 합니다. 이때 성령께서 육체의 만지심의 느낌에 절대 순복하여야 합니다. 즉 반응에 절대 순종하고 환영하는 반응을 보여야 합니다.

④ 성령님의 지배와 임재에는 반드시 메시지가 있음을 명심하시기를 바랍니다. 제가 몇 년 전에 서울 강북구에 있는 성민교회라는 곳에 가서 부흥회를 인도한 적이 있습니다. 밤 시간 이었는데 한참 말씀을 전하고 있으니 어느 남자분이 그때서야 도착하여 말씀을 듣는 것이었습니다. 그리고 말씀을 다 전하고 기도 시간이 되었습니다. 기도를 하도록 인도하고 저는 기도 시간마다 아무리 성도가 많아도 개별 안수를 해드립니다. 이유는 성도들의 기도를 바르게 하도록 하기 위해서 입니다. 이렇게 교정 해주지 않으면 성도

들의 기도가 바뀌지 않아서 영의 통로가 뚫리지 않기 때문입니다.

안수기도를 한참 하다가 그 늦게 도착한 분의 차례가 되었습니다. 그래서 안수를 했습니다. 그러니까, 머리를 숙이면서 흐느끼는 것이었습니다. 저는 무슨 영문인지 모르고 그냥 머리를 들고 기도하시라고 조언하고 한 50분간 기도하고 마치고 집으로 돌아오려고 했습니다. 필자가 집에 돌아오려면 4호선 전철을 타야 하는데 전철역이 그 교회에서 상당히 멀었습니다.

그래서 전철역까지 누가 차로 좀 데려다 달라고 했더니, 담임목사님이 밖에 나가시면 차가 대기하고 있으니 잘 돌아가시라고 했습니다. 그래서 대기하고 있는 차를 타니 아까 늦게 들어왔다가 기도하며 흐느끼던 그분이었습니다. 그분이 하는 말이 목사님 제가 오늘로 예수를 믿은 지 13년이 되었는데 처음으로 울어보았습니다. 은혜 받게 해주셔서 감사합니다.

그래서 왜 우셨습니까? 예! 기도하는데 마음에서 성령의 불이 뜨겁게 올라오면서 내 속에서 뚜렷하게 "내가 너를 사랑한다. 내가 너를 사랑한다. 내가 너를 사랑한다." 하며 위로하여 주시는데 갑자기 성령의 불로 얼굴이 화끈 거리고 눈물이 쏟아져 나왔습니다. 이분은 제가 기도를 어떻게 하라고 알려주고 기도를 시키니까, 그대로 순수하게 따라서 하니 성령의 역사로 성령의 불로 세례도 받고 성령의 음성도 들은 것입니다.

이와 같이 기도를 성령으로 하면 반드시 하나님의 임재 현상이 나타나게 되어 있습니다. 임재 현상이란, 성령세례로 진동을 한다든지, 음성이 들린다든지, 마음에 평안이 올라온다든지, 마음속에서 성령의 불의 뜨거움이 올라온다든지, 갑자기 기도문이 열려 뜨겁게 방언으로 기도하게 된다든지, 성령의 감동으로 나도 모르게 울음이 터진다든지, 나는 어떤 이유인지 모르겠는데 갑자기 웃음이 주체 못하게 터진다든지, 큰 소리가 터진다든지, 등등, 성도가 영으로 바르게 기도하면 반드시 살아계신 하나님의 임재 현상을 체험하게 되는 것입니다.

2) 성령의 불이 임하고 나오는 기도 방법

① 호흡을 코로 아랫배까지 들이 쉬면서 내쉬면서 방언이나 발성 기도를 하시면서 내 영 안에서 역사하는 성령의 불과 밖에서 역사하는 성령의 불을 내 것으로 만드는 기도 방법입니다. 성령은 내 영 안에 계시고, 우리 안에 계시고, 성령으로 충만한 상태에서 영으로 말씀을 듣거나 읽을 때 말씀 안에 계십니다. 이 성령의 역사를 일어나게 호흡을 깊게 들이쉬고 내쉬면서 방언 기도나 발성 기도로 성령의 임재를 깊이 느끼고 유지합니다.

② 능동적으로 성령의 불을 끌어당기는 기도를 합니다. 숨을 깊이 들이쉬면서 밖에서 역사하는 성령의 불을 끌어들이는 것입니다. 코로 호흡을 깊게 들이쉬면서 성령의 불을 끌어들이시기 바랍니다. 이때 강하고 크게 자신의 육체의 한계를 넘어서는 강력한 기도를 해야 합니다. 의지를 다해서 주여! 하면서 강력하게 해야 합니다. 절대로 힘이 든다고 나약하게 부르짖는 기도를 하면 더 강한 성령의 불을 끌어 들일 수가 없습니다. 이를 위해서 복식 호흡법

을 활용하여 코로 숨을 아랫배까지 들이쉬고 내쉬면서 배에서 올라오는 소리로 힘껏 소리를 지르고 온몸으로 부르짖는 기도를 하여야 합니다(최소한 30분 이상). 그래야 목에 피로가 안 오고 목이 상하지 않습니다.

필자가 지금까지 수많은 기도 세미나를 인도했는데 이렇게 기도한 분들 절대로 목이 상하지 않았습니다. 기도하면서 목이 상하는 분들은 자신의 기도 방법을 빨리 바꾸어야 합니다.

③ 성령께서 하시는 일에 크게 반응해야 합니다. 몸에 이상한 현상이나 소리가 올라오더라도 움츠리거나 놀라거나 거부하거나 무서워하지 말라는 것입니다. 이때 말과 행동에 있어서 크게 반응하기 바랍니다. 성령께서 하라는 대로 순종하는 것이 좋습니다. 될 수 있으면 크게 반응을 하는 것이 좋습니다. 더 강하게, 으으으 아 뜨거워하면서 성령의 역사하심을 환영하고 받아들여야 합니다. 교역자는 강단에 서기전에 이 단계까지 기도하고 그 후에 강단에 서야 합니다. 그래야만 예배와 설교 가운데 성령의 기름 부음이 강해집니다.

그리고 교회의 직분자들 특히 강도사, 전도사, 장로님, 권사님, 안수집사님 등등은 모두 이정도로 기도를 해야 귀신을 이기고 하나님이 주신 사명을 감당할 수가 있는 것입니다. 알아야 할 것은 기도가 성령 충만이고 기도하지 않는 성령 충만은 없습니다. 기도가 영성이고 기도하지 않는 영성은 없습니다. 자신 안에서 성령의 권능과 불이 나오는 기도를 하여 성령으로 심령도 변하여 단물을 내는 모두가 되시기를 소원합니다.

3) 자신의 영적 치유 기도는 어떻게 하나?

자신의 영육 치유 없이는 영의 통로가 열리고 능력 오는 기도를 할 수가 없습니다. 먼저 알아야 할 것은 영성이 있는 자가 갖추고 준비할 기본사항은 이렇습니다.

① 내적 치유가 되어 감정 정리를 잘해야 합니다. 무슨 일이 있어도 혈기를 내지 않는 것입니다. 자신의 내면이 잘 관리된 분들은 절대로 혈기나 분을 내지를 않습니다. 왜요, 혈기를 내면 자신의 마음에 상처 스트레스가 쌓여 해결하려면 시간이 걸리기 때문입니다. 그러니까, 자신의 영적인 생명의 근원인 마음의 관리를 위하여 스스로 그렇게 하게 되는 것입니다.

② 항상 마음이 안정되어 성령의 지배와 임재를 유지해야 합니다. 온몸 기도로 심령에서 기도가 올라오면 마음에 말로 표현 못하는 평안이 올라옵니다. 그러므로 항상 성령님의 임재와 도우심으로 평안을 유지하고 마음에 안정을 유지 할 수가 있습니다. 예수를 믿고 성령으로 거듭난 성도의 영적인 생활은 절대로 마음이 안정되어야 합니다.

왜냐하면 마음이 안정이 되어야 내 영 안에 계신 성령님의 역사가 나를 장악할 수가 있습니다. 절대로 혈기나 분을 내면 영성은 감소되고 육성이 나를 사로잡게 됩니다. 그러므로 육성에 역사하던 마귀가 침입할 수가 있는 것입니다. 이것을 알고 자신의 마음을 안정된 평안한 마음으로 항상 만들 수 있는 성도가 영안이 열린 성도요, 마귀를 패주시킬 수 있는 성도입니다.

③성령의 지배와 임재 하심을 지속하기 위하여 아무리 큰일이 일어나더라도 거기에 빠지면 안 됩니다. 마음으로 성령의 음성을 들어야 합니다. 하나님은 성도들에게 온몸 기도로 안정된 전인격이 되라고 하시는 것입니다. 하나님은 보이지 않는 영이지만 살아계십니다. 우리가 하나님의 뜻을 따라서 세상을 살아가다가 보면 여러 가지 생각하지 못한 일들이 나옵니다. 그러나 그런 일들은 모두 하나님의 역사하심으로 해결할 수 있는 일들입니다. 문제는 우리가 성령으로 충만하여 마음이 안정이 되는 것이 문제입니다. 사람이 마음이 안정이 되어야 성령의 인도를 받는 영적상태가 쉽게 될 수가 있는 것입니다.

그러나 혈기를 낸다거나 보복의 칼을 품는다거나 분을 내면은 육성으로 돌아가기 때문에 하나님과 교통할 수가 없는 것입니다. 그래서 영안이 열리고 단련되고 연단된 성도는 자기가 자기 영을 지킬 수가 있는 것입니다. 그리고 자기가 자기 영을 지키는 영적원리를 체험을 통하여 깨닫게 되는 것입니다.

그래서 하나님은 연단 되고 단련된 성도를 만드시려고 성도들을 훈련하시는 것입니다. 왜 그렇습니까? 하나님은 우리에게 소원을 두고 이 땅에 하나님의 나라를 만들어야 하기 때문입니다. 하나님의 훈련을 달게 받고 영성을 깊게 하기 위하여 온몸 기도를 숙달하시기를 바랍니다.

④ 사역자나 성도나 할 것 없이 율법적이 되어서는 절대로 안

됩니다. 진리가 자유하게 합니다. 은혜로 사랑으로 믿음 생활을 하시기 바랍니다. 항상 성도는 마음에 자유 함이 있어야 합니다. 그래서 필자는 기도를 할 때도 편한 자세로 하라고 합니다. 매인 것이 있어서는 사람이 육성으로 돌아가기가 쉽습니다. 우리의 육성으로는 하나님께 쓰임 받을 수가 없습니다. 하나님은 영이시기 때문입니다. 어찌 하든지 내 안에 계신 하나님과 영의 통로가 열려야 내가 권세 있는 성도가 되는 것입니다. 그래서 가지인 성도는 포도나무인 예수님에게 딱 붙어서 포도나무로부터 진액을 받아야 살아갈 수가 있는 것입니다.

4) 영의 통로가 열려 마음 안에서 성령의 불이 나오는 기도를 하기 위해서 성도가 자신에 대하여 알아야 할 사항입니다.

① 자신이 귀신의 공격을 받는 감정을 찾아내야 합니다. 자신이 영성의 발전에 저해 요소를 찾아내어 제거 하라는 것입니다. 예로서, 잡념, 죄, 습관, 꿈, 생각, 잘 통제하지 못하는 것 등등을 찾아서 고쳐나가야 합니다. 어떻게 치유하느냐 말씀과 성령의 강력한 역사에 의한 내적 치유와 온몸 기도로 치유해야 합니다. 사람은 스스로 자기 통제가 가능하도록 만들어졌습니다. 그런데 오늘날 우리가 자기 통제를 못하는 이유는 죄성과 상처 스트레스 때문입니다.

그러므로 예수를 믿는 믿음과 성령의 은혜 안에서는 이 모든 것이 회복되기 때문에 자기 통제가 가능합니다. 이것을 다른 말로 하면 성령의 은혜로 말미암아 공격받는 감정을 치유할 수 있다는 의미입니다. 자신의 공격받는 분야를 찾아 내적 치유하시기를 바랍니다.

② 자신의 공격받는 분야를 꼭 찾아내야 합니다. 예를 들어 혈기나 분노의 경우 자신의 상처와 조상의 유전까지 찾아 들어가야 합니다. 부계와 모계 쪽으로 계속 추적하여 찾아내세요. 상처라고 하면 태아, 유아, 소년기, 부모 등 원인을 찾아내야 합니다. 그래서 성령의 지배 가운데 치유해야 합니다.

③ 그 죄와 관련된 지속적이고 뚜렷한 경험 들을 파고 들어가세요. 그리고 지식의 말씀의 은사와 지혜의 말씀의 은사를 통하여 해결하세요. ⓐ 그때의 감정을 뿌리를 찾아서 제거하세요. ⓑ 거기에 레마의 말씀과 성령의 능력과 주님의 피를 뿌립니다. ⓒ 뿌리 뒤에 역사하는 영을 찾아내야 합니다. 그 찾는 이유는 그때 그 사건을 통하여 들어온 귀신을 찾아야 하기 때문입니다. 분명히 그 때 타고 들어온 것이 있습니다. ⓓ 그 영의 정체를 드러내고 쫓아내고 몰아내고 반대 영을 공급합니다. 이 원리는 모든 영적인 전쟁을 할 때 적용되는 원리입니다. 이 원리를 적용하여 성령으로 영적인 전쟁도 하시기를 바랍니다.

자신이 살아서 자신의 힘으로 영적인 전쟁을 승리할 수가 없습니다. 영적 전쟁 대상 귀신은 자신보다 한 차원이 높은 4차원이기 때문입니다. 영적 전쟁을 이기려면 자신이 죽어 없어져서 성령으로 충만하여 5차원이 되어야 승리할 수가 있습니다.

셋째, 영감을 증폭시키고 성령의 불이 나와 영력을 유지하는 여러 기도는 이렇게 하시기를 바랍니다.

1) 영의 통로를 열어 불이 나오게 하는 기도. 먼저 통성기도로 막힌 영을 뚫어야 합니다. 호흡을 들이쉬고 내쉬면서 의지적으로 배에서 올라오는 주여! 주여! 소리를 내어 기도해야 합니다.

① 먼저 통성으로 발성의 기도를 하시기 바랍니다.

② 숨을 들이쉬고 내 쉬면서 아랫배에서 나오는 영의 소리로 주여! 주여! 하시기를 바랍니다.

③ 방언 기도를 호흡을 코로 들이쉬고 내쉬면서 배에서 올라오는 방언으로 기도해야 합니다.

2) 성령의 불이 임하고 나오는 기도

① 먼저 성령의 지배와 임재를 유지해야 합니다.

② 성령의 임재가 충만해지면 이렇게 하시기를 바랍니다.

③ 배꼽 아래에 마음을 두고, 코로 숨을 들이쉬면서 마음으로 밖에서 역사하시는 성령을 끌어들이세요. 밖에 있는 불이 들어옵니다. 코와 입을 통한 호흡법을 활용해야 합니다. 숨을 코로 들이쉬고 내 쉬고….

④ 다시 배꼽 아래에 마음을 두고, 입으로 숨을 내쉬면서 마음으로 성령을 끌어올리세요. 내 영 안에 있는 불을 끌어올린다는 상상을 하면서. 호흡법을 활용해야 합니다. 코로 숨을 아랫배까지 들이쉬고 내 쉬고….

3) 성령의 지배와 임재를 유지하기 위한 기도

찬양이나 마음으로 성령의 임하심을 받아들이세요. 숨을 코로 아랫배까지 들이쉬고 내쉬면서 방언이나 언어의 기도를 하라. 걸어 다니면서도 습관적으로 해야 합니다.

주의해야 할 것은 문제가 나타나더라도 거기에 마음을 **빼앗기**지 말아야 합니다. 이유는 육체가 되어 성령으로 기도가 되지 않고 마음이 집중되지 않습니다. 항상 문제가 있는 곳에 하나님의 답이 있으니 성령의 지배하에 하나님에게 문의 하여 답을 찾아야 합니다.

4) 강한 성령의 권능이 나타나기 위한 기도

성령의 지배와 임재를 요청하세요. 어느 정도 임재가 유지되면 방언으로 기도하세요. 이것도 호흡법을 활용하면 좋습니다. 성령 치유 사역시 품어내기만 하면 쉽게 지치고 고갈 됩니다. 내 안에서 영력이 유지되게 하면서 기도하시기 바랍니다.

12장 마음으로 깊은 기도하며 마음 안에 보물 찾는 법

마음으로 깊은 기도하며 하나님께서 마음 안에 숨겨두신 권능과 지혜와 보물을 찾아서 사용하려면 마음으로 깊은 기도하는 습관이 되어야 합니다. 마음으로 예수님을 찾는 깊은 기도는 우리의 영 안에 계신 성령으로 충만하게 하는 기도 방법입니다. 마음으로 예수님을 찾는 깊은 기도는 다른 기도를 대치하려는 것이 아니라, 단순히 다른 기도들보다 새롭고도 충만한 시간을 갖도록 해줍니다. 기도 중에는 하나님께서 내 안에 현존하시고 활동하심에 동의해야 합니다. 기도를 마치고 세상에서 살아갈 때도 언제나 마음으로 예수님을 찾는 것입니다. 우리가 세상을 살아가는 시간에는 우리의 주의가 밖으로 옮겨가서 어디에나 임재 하여 계시는 하나님의 현존을 발견하게 됩니다.

기도의 단어는 내 안에서 하나님께서 현존하시면서 활동하심에 동의한다는 나의 지향을 상징하는 거룩한 단어를 선택합니다. 편안히 앉아서 눈을 감고 자세를 취한 다음에 하나님께서 내 안에 현존하시고 활동하심에 내가 동의한다는 상징으로 그 거룩한 단어를 의식 속에 불러들입니다. 어떤 잡념이 자신의 기도를 방해한다는 것을 알아차리면, 아주 부드럽게 그 거룩한 단어로 돌아갑니다. 기도가 끝날 때에는 눈을 감고 호흡을 깊게 하면서 2분 여간 침묵 속에 머뭅니다.

마음으로 기도할 때는 호흡을 깊게 하면서 자꾸 성령님을 찾으세요. 단조롭게 성령님을 부르세요. 도움을 요청하세요. 감사와 사랑을 고백하세요. 그러면서 가만히 있으세요. 마음속에 성령님을 느끼세요. 호흡이 약간 빨라집니다. 긴장이 풀리면서 눈까풀이 떨거나 표정이 평안하게 됩니다. 불이 심령에서 올라오고, 약간 몽롱한 상태, 그러나 마음이 부풀어 오르는 것 같은 상태를 느낄 수 있게 됩니다. 포근함, 안락함, 짐을 내려놓은 느낌을 가지게 됩니다. 그러면서 계속 성령님을 찾으세요. "성령님~ 성령님~ 한다거나" "성령님, 사랑합니다"하고 자꾸 성령님을 부르세요. 그러면서 시간의 개념으로부터 분리되려고 해야 합니다. 차츰 외부적인 감각이 꺼지면서 내면의 활동이 강하게 됩니다. 그 자체가 이미 기쁨이 넘치며 많은 은혜가 임하게 됩니다. 마음으로 하는 깊은 기도는 우리에게 신비한 체험을 하게 합니다. 날마다 성령으로 깊은 기도를 하여 신비한 체험을 하고 간증하는 모두가 되시기를 바랍니다. 주의해야 할 것은 무슨 현상에 마음을 빼앗기지 말고 오로지 마음 안에 계신 성령님만 찾는 것입니다. 기도는 오래 하는 것만이 능사가 아니라 마음 안에 주님과 만나는 주님과 같은 영적인 상태에 들어가는 것이 중요합니다. 쉽게 쉽게 영적인 상태에 들어간다면 온몸이 성령께서 장악하신 치유된 상태입니다. 성령의 이끌림으로 영의 상태에 들어가야 뇌파로는 세타파에 들어가야 그곳에서 하나님께서 숨겨두신 보물을 찾아 사용할 수가 있는 것입니다. 중요한 것은 영의 상태에 들어가면 몽롱해지면서 졸릴 때 일어나는 현상이 나타날 수가 있습니다. 절대로 졸지 않으려고 하지 말고 숨을 들이쉬고 내쉬면서 성령님만 찾는 것입니다. 그러면 자는 것도 아니고 깨어있는 것도 아닌 영의 상태가 됩니다. 이때 영적 정신적 육체가 치유되면서 하나님의 나라가 되는 것입니다.

지금까지 살펴보았듯이 깊은 기도로 마음 속의 보물을 찾는 기도는 하나님과의 관계를 깊게 하는 기도로, 대화를 넘어 친교로, 능동적 기도에서 수동적이고 수용적인 기도로 옮아가게 합니다. 우리는 단지 하나님께서 현존하시는 골방인 우리 내면의 깊은 곳, 마음으로 자신을 온전히 열어드리고 내어드리며 '제가 여기 있나이다.'하고 주님을 기다리면서 하나님 현존과 활동하심에 동의한다는 '원래의 지향'을 유지하는 것 이외에 아무것도 하지 않습니다. 그러나 우리는 아무것도 하지 않지만, 우리 안에 현존하시는 하나님께서는 엄청난 일을 하고 계신 것입니다. 바로 당신의 사랑으로, 성령으로 우리를 영적으로 충만하게 충전시켜 주시면서, 우리가 그분과 깊고 친밀한 관계를 맺는 데 방해가 되는 모든 장애물들, 즉 우리 안에 있는 모든 상처와 아픔과 어둠을 정화시켜 우리를 성령으로 변형시켜 주십니다. 지속적으로 해야 합니다. 지속적으로 하다가 보면 자신도 모르게 권능이 강해지고 기도할 때 쉽게 영의 상태에 들어가고 성품이 예수님의 성품으로 유순하게 변하는 것을 체험하게 됩니다.

첫째, 마음으로 예수님을 찾는 기도문의 선택. 먼저 "하나님께서 내 안에 현존하시면서 활동하심에 동의한다는 나의 지향을 상징하는 거룩한 단어를 선택합니다." 거룩한 단어는 하나님 현존 안에 머물면서 그분의 활동에 나를 맡겨드리겠다는 우리의 마음을 나타냅니다. 거룩한 단어는 간단한 기도를 하면서 성령께 우리에게 적합한 단어를 달라고 청하여 선택합니다. 예를 든다면: 주님, 예수님, 아버지, 성령님, 예수능력, 예수치유, 예수권능, 예수사랑, 예수평화, 믿음, 소망, 사랑 등의 단어를 말합니다. 일단, 거룩한 단어를 선택했으면, 기도 중에는 바꾸지 말아야 합니다. 그렇게 되면 생각을 해야 하기 때문에 또 다른 잡념을 끌어들이는 계기가 될 수 있기 때문입니다. 어떤 사람에게는 거룩한 단어보다 내면으로 단순히 하나님을 바라봄이 더 적절할 수도 있습니다. 저는 이런 분들에게 그냥 예수님을 생각하면서 숨만 깊게 들이쉬고 내쉬라고 합니다. 이러한 경우에는 그분을 바라보는 것처럼, 내면으로 하나님께 향함으로써 하나님의 현존과 활동에 동의를 합니다. 거룩한 단어와 같은 지침이 여기에도 적용됩니다.

둘째, 마음으로 예수님을 찾는 기도에 들어가기: "편안히 앉아서 눈을 감고 오래할 수 있는 자세를 취한 다음, 호흡을 들이쉬고 내쉬면서 하나님께서 내 안에 현존하시고 활동하심에 내가 동의한다는 상징으로 그 거룩한 단어를 의식 속에 불러들입니다."

"편안히 앉는다."는 말은 상대적인 편안함을 말하는데, 즉 너무 편안하여 잠이 들지 않을 정도이며, 동시에 너무 불편하여 기도 중에 몸의 불편함 때문에 신경 쓰지 않을 정도를 말합니다.

어떤 자세를 취하든 등은 곧게 세웁니다. 잠이 들었었다면, 깨어났을 때에 시간 여유가 있으면 몇 분간이라도 기도를 계속합니다. 우리 교회 깊은기도 치유집회에 참석한 분들 중에 기도를 하다가 조는 분들이 있습니다. 저는 본인이 깨어날 때까지 기다립니다. 깨어나면 집중 안수를 해드립니다. 그러면 더러운 것들이 많이 떠나갑니다. 식사를 마친 뒤에 이 기도를 하면 졸리기 쉽습니다. 식사 후에는 식사 후 한 시간 정도 기다리는 것이 좋습니다. 잠자리에 누워서 마음으로 깊은 기도를 하면서 주무시는 습관도 좋은 습관입니다. 잠를 자면서 지속해서 자신의 영이 기도하기 때문에 평안한 상태에서 잠을 잘 수가 있습니다. 정신적인 문제가 있거나 우울증이나 불면증이 있는 분들이 이 방법을 숙달하면 마음을 평안하게 하는 데 좋습니다. 우리 주변과 내면에서 돌아가는 것들을 떠나보내기 위해 눈을 감습니다. 부드러운 솜 위에 새 깃털을 얹듯 아주 부드럽게 거룩한 단어를 의식 속으로 불러들입니다.

셋째, 잡념이 들어 올 때 조치 방법: 마음 안으로 들어가면 성령이 충만해지므로 귀신들의 방해가 아주 심합니다. 잡념을 줍니다. "잡념이 의식 속에 들어왔음을 알아차리면 아주 부드럽게 거룩한 단어로 돌아가야 합니다." 거룩한 단어란 예수 사랑. 예수 치유. 등 예수님을 찾는 언어에 집중하라는 말입니다. '잡념'이란 상처 뒤에 역사하는 귀신이 주는 것으로 감각적 지각, 감정, 영상, 기억, 사색, 그리고 비평 등과 같은 모든 지각 내용을 다 포괄하는 용어입니다. 잡념을 몰아내는 것은 마음으로 예수님을 찾는 깊은 기도의 중요한 관건입니다. 잡념이 들어오면 "아주 부드럽게 거룩한 단어로 돌아간다."는 말은 최소의 노력으로 하라는 말입니다. 최소의 노력이란 예수님을 찾는 말에 집중하라는 것입니다. 최소의 노력으로 성령의 역사를 불러일으켜서 잡념을 몰아내는 것입니다. 사람의 힘이 아닌 성령의 능력으로 잡념을 몰아내는 것입니다. 이것이 마음으로 예수님을 찾는 깊은 기도 중에 우리가 하는 유일한 행위입니다.

 기도 시간 중에 거룩한 단어는 아주 희미해지거나 사라지기도 합니다. 호흡하는 것도 느끼지 못할 때도 있습니다. 이는 깊은 영의 상태에 들어갔다는 말입니다. 쉽게 말씀드리면 기도에 집중하여 몰입하다가 보면 숨을 쉬는 것조차 지각하지 못하게 됩니다. 호흡하는 것도 지각하지 못하는 깊은 경지에 이르게 됩니다. 자신의 의식이 없어진 영의 상태에 빠진 것입니다. 호흡은 하는데 자신의 의지를 발휘하지 못한다는 말입니다. 체험해 보아야 만 알 수가 있는 것입니다.

 넷째, 마음으로 예수님을 찾는 기도의 비법: 호흡을 들이쉬고 내쉬면서 선택된 거룩한 단어를 암송하는 것입니다. "기도의 끝에 눈을 감고 호흡하며 1,2분간 침묵 속에 머뭅니다." 이 기도를 그룹으로 할 때에는 기도를 시작하기 전에 인도자가 2-3분 동안 마음으로 예수님을 찾는 기도 중에 예수님을 만나는 경지에 이르게 해 달라고 하는 '간구기도'를 하고, 다른 사람들은 호흡을 깊게 하면 서 듣습니다. 이 2-3분은 우리의 정신이 외적 감각세계에서 내적 인 세계로 들어가는 데 적응하는 시간을 줄 수 있게 하며, 또 일상 생활에 이 침묵의 분위기를 가져올 수 있게 도와 줍니다.

먼저 소리가 작게 나는 알람을 30분으로 맞춰놓고 편안히 앉아 눈을 감습니다. 그런 다음 몸의 모든 긴장과 내면에서 떠오르는 잡 념들이 떠나가게 놓아둔다는 마음으로 두세 번 정도 깊은 복식호 흡을 합니다. 그리고 마음으로 성령님~ 하면서 '성령의 임재를 요 청합니다.' 성령님께서 내 안에 나와 함께 계심을 의식합니다. 의 식한다는 말은 하나님의 현존을 '느끼라는 것'이 아니라, '마음으 로 성령님이 내 안에 충만하다고 생각 한다.'는 의미입니다. 준비 기도가 끝나면 먼저 바깥에서 들려오는 모든 소음들이 의식이 되 더라도 그것들에 마음을 빼앗기지 말고 성령님을 찾으면서 자연 스럽게 떠나가도록 놓아둡니다. 떠나가도록 놓아둔다는 말은 그 어떤 것에 대해서도 '관심'과 '주의'를 기울이지 않고 성령님만 찾 는다는 말입니다.

그런 다음 서서히 자신의 내면으로 돌아와 내면으로부터 떠오 르는 모든 생각들, 즉 모든 상상력, 기억, 느낌, 계획, 성찰, 중대한 관심사 등을 떠나보내려고 애쓰지 말고 그것들이 그저 지나가도 록 관심을 두지 말고 놓아두면서 호흡을 들이쉬고 내쉬면서 거룩 한 단어를 암송합니다. 성령이 충만해지면 성령의 권능으로 잡념은 자동으로 사라집니다.

이제 호흡을 들이쉬고 내쉬면서 마음으로 자신이 선택한 거룩한 단어(예수능력. 예수치유. 예수 사랑. 예수 권세 등)를 아주 부드럽게 하면서 마음에서 떠올리고, 그것을 호흡을 들이쉬고 내쉬면서 지속적으로 마음으로 암송합니다. 거룩한 단어를 정확하게 발음하거나 그 의미를 생각할 필요도 없습니다. 다만 하나님의 현존과 그분의 활동에 자신을 온전히 열어드리고 내어드리면서 시간을 보내겠다는 지향의 표현으로 거룩한 단어를 떠올립니다.

그 상태에서 아무것도 하지 말고 하나님의 현존 속에 그대로 머물러 있는 것입니다. 그러면 서서히 여러 가지 잡념들이 계속해서 떠오를 것입니다. 그러나 그 어떤 것도 억지로 몰아내려고 애쓰지 말고 관심을 두지 말고 그냥 놓아두고 거룩한 단어만 암송합니다. 그러면 그것들은 자연스럽게 흘러가 버릴 것입니다.

그러나 초심자들은 계속해서 떠오르는 잡념에 대해 관심을 갖게 되고, 잡념에 사로잡혀 가게 됩니다. 이렇게 잡념에 빠진 것을 알아차리면, 즉시 아주 부드럽게 거룩한 단어를 암송합니다. 거룩한 단어로 돌아가라는 말은 거룩한 단어를 의식 속에 떠올리거나 아니면 마음으로 천천히 암송하라는 의미입니다. 이것이 마음으로 예수님을 찾는 기도 중에 우리가 하는 유일한 활동입니다.

그 밖의 모든 것은 하나님께 맡겨드리고, 그분의 현존 속에 머무릅니다. 이렇게 30분간 기도한 다음, 알람이 울리면 바로 눈을 뜨지 말고 주님을 찾는 기도문을 아주 천천히 암송합니다. "예수님 감사합니다" "예수님 사랑합니다." "예수님 도와주세요." 어느 정도 시간이 지나면 성령님께 감사기도를 드리고 기도를 마칩니다. 기도를 마쳤다고 기도를 멈추는 것이 아니고, 세상을 살아가면서도 계속 마음으로 예수님을 찾는 것입니다. 그리하여 항상 자신의 마음에 예수님의 임재를 유지합니다. 걸어 다니는 성전이 되어 세상을 살면서도 세상에서 섭리하시는 예수님을 마음으로 느끼면서 살아가는 것입니다.

지금까지 살펴보았듯이 마음으로 예수님을 찾는 기도는 하나님과의 관계를 깊게 하는 기도로, 대화를 넘어 친교로, 능동적 기도에서 수동적이고 수용적인 기도로 옮아가게 합니다. 우리는 단지 하나님께서 현존하시는 골방(우리 내면의 깊은 곳, 마음)에서 온 마음으로 자신을 온전히 열어드리고 내어드리며 '제가 여기 있나이다.'하고 주님을 기다리면서 하나님 현존과 활동하심에 동의한다는 '원래의 지향'을 유지하는 것 이외에 아무것도 하지 않습니다. 그러나 우리는 아무것도 하지 않지만, 우리 안에 현존하시는 하나님께서는 엄청난 일을 하고 계신 것입니다.

성령님께서 당신의 사랑으로, 성령으로 우리를 영적으로 충전시켜 주시면서, 우리가 그분과 깊고 친밀한 관계를 맺는 데 방해가 되는 모든 장애물들, 즉 우리 안에 있는 모든 상처와 아픔과 어둠의 세력을 성령으로 정화시켜 우리를 변형시켜 주십니다. 인내력을 가지고 지속적으로 해야 합니다. 지속적으로 하다가 보면 자신도 모르게 성령의 권능이 나타나고 성품이 유순하게 변하는 것을 체험하게 됩니다.

다섯째, 마음으로 예수님을 찾는 깊은 기도간 나타나는 현상:
가장 많이 나타나는 증상들로부터 언급하면 이렇습니다.

1)몸이 이완됩니다. 근육이 풀리면서 나른해집니다. 주의할 점은 잠들지 않는 것이 좋습니다. 나른 하면서 졸리는 현상은 보편적으로 영적인 상태에 들어갈 때 일어나는 현상입니다. 졸리는 현상을 깨우려고 하지 말고 호흡을 깊게 들이쉬고 내쉬는 것에 집중을 하세요. 호흡하며 기도에 집중해야 마음 안으로 들어갈 수가 있습니다. 그렇다고 잠들면 그 다음으로 이어지는 성령님의 은혜를 인식할 수 없게 됩니다. 그러나 초기에는 깊이 잠드는 경우가 많습니다. 이는 육체를 치유하시는 은혜이므로 너무 아쉬워할 것까지는 없습니다. 다음에 다시 하면 됩니다. 우리의 몸으로 행한 죄의 찌꺼기를 성령께서 배출하는 과정입니다. 우리 몸속에 있는 나쁜 영의 잔재들을 성령님이 제거하시는 것입니다.

2)몸이 뜨겁거나 전류가 흐르는 것 같습니다. 깊은 호흡을 하면 10여분 쯤 지나서 몸이 뜨거워지는 것을 느낍니다. 그리고 몸속으로 약한(처음에) 전류가 흐르는 듯합니다. 강하게 느껴지면 가만히 있을 수 없을 정도로 찌릿찌릿함을 느낍니다. 하품이 나오거나 기침이 나오거나 웃음이나 울음이 나오기도 합니다. 내면이 정화되면서 일어나는 현상이니 신경을 쓸 필요가 없습니다. 몸이 뜨거워짐으로써 우리 몸이 활동력을 얻게 됩니다. 영적인 능력이 임하게 되는 것입니다. 이 능력은 세상을 이기는 담대함과 귀신의 세력

을 이길 수 있는 성령이 5차원의 초자연적인 권능 힘입니다.

   3)몸이 무척 아픕니다. 근육에 통증이 옵니다. 심하면 도무지 견딜 수 없을 지경으로 온 몸에 통증이 와서 더 이상 호흡을 계속할 수 없습니다. 평소 몸이 아픈 곳이나 약한 부분이 아픕니다. 이는 치유의 과정입니다. 우리 몸의 약한 곳을 성령님이 치유하시는 것입니다. 치유는 성령님의 일입니다. 성령님이 임재하시면 우리의 몸이 병들었거나 약한 부분을 주님은 고치십니다. 이런 경우도 있었습니다. 여 목회자가 체험한 것인데 하얀 옷을 입은 사람 3명이 저의 몸을 만져주면서 지금까지 위장병으로 고생을 많이 했구나 하면서 배를 만져주는 것입니다. 그러면서 앞으로는 위장병으로 다시는 고생하지 않을 것이라고 말하면서 건강한 몸으로 영혼을 전도하라고 하면서 배를 계속 만져주는 것입니다. 그런데 너무나 배가 시원해지는 것을 체험했습니다. 그러더니 갑자기 기침이 사정없이 나오는 것입니다. 그래서 기침을 한동안 했습니다. 기침을 하고 나니 더 배가 시원하여 졌습니다. 배가 시원하여 지더니 속에서 불이 올라오기 시작을 하는 것입니다. 너무나 뜨거운 불이 마음에서 올라와 저를 태우는 것입니다. 그러면서 몸이 가벼워지는 것입니다. 마치 솜털같이 가벼운 기분이 들었습니다. 치유는 단번에 이루어지는 경우는 적습니다. 우리 몸은 서서히 치유되며 회복되는 것이기 때문에 너무 조급해 할 필요가 없습니다. 마음으로 예수님을 찾는 기도를 할 때마다 통증이 온다고 해서 중단하지 마십시오. 치유하는데 여러 달이 걸리는 경우도 있습니다. 필요하다고 생

각된다면 전문적인 치유사역자의 도움을 받으십시오.

4)몸속에 이물감을 느낍니다. 마음으로 하는 깊은 기도가 깊어지면 몸속에 이물감을 느낍니다. 뱃속이 더부룩해지고 몸속에 벌레가 기어가는 것 같은 느낌을 받습니다. 마음으로 예수님을 찾는 깊은 기도 전에는 아무렇지도 않던 뱃속이 갑자기 더부룩하고, 소화가 안 되는 것 같은 느낌을 받는 것은 뱃속에 악한 귀신이 들어 있기 때문입니다. 몸에 이물감을 느끼는 것도 그렇습니다. 성령의 강한 임재로 인하여 악한 귀신이 피할 곳을 찾아 돌아다니는 것입니다. 속된 표현으로 귀신의 집이라고 하는 것입니다. 우리 몸속에 들어온 악한 귀신이 자리를 잡고 눌러 앉으려고 만들어 놓은 그들의 영역이 분쇄되는 것입니다. 머리가 심하게 어지러운 현상도 마찬가지입니다. 머릿속을 점유하고 있는 악한 귀신이 요동치는 것입니다. 이 악한 귀신이 견디지 못하고 떠날 때까지 계속하십시오. 신경을 지 말고 지속하면 성령의 역사에 의하여 모두 사라집니다. 악한 귀신이 몸에서 나가면 그러한 현상이 사라지고 평안해집니다. 그렇지 않고 계속 심하고 구토가 나고 정신이 혼미해지는 등의 현상이 계속되면 전문적인 축귀가 필요합니다. 심한 경우는 악령의 음성이 들리는데 매우 위협적이어서 겁이 납니다. '호흡을 중단하라.' '계속하면 죽여 버릴 거야,' '당장 그만두고 나가라.' 하면서 겁박을 합니다. 그래서 무서워 더 이상 마음으로 예수님을 찾는 기도를 하지 못하고 두려움에 사로잡힙니다. 이런 경우 자기 성령으로 충만하게 하여 자기가 스스로 축귀를 하십시오. 그런데도 잘 되

지 않으면 전문적인 경험과 능력 있는 축귀 사역자에게 도움을 구하십시오.

5) 서늘한 기운을 느낍니다. 서늘한 청량감이 온몸을 감쌉니다. 심하면 한기를 느낄 정도입니다. 여름인데도 온 몸이 서늘하고 만져보면 차가움을 느낍니다. 때로는 부분적으로 그러한 현상을 느끼기도 합니다. 악한 귀신이 드러나서 나타나는 증상입니다. 머리가 맑아지고 정신이 상쾌해집니다. 이는 몸이 정상으로 돌아왔음을 알려주는 것입니다.

6) 평안하고 몸이 가벼워집니다. 이 현상은 사실 가장 많이 느끼는 부분입니다. 그런데 왜 나중에 언급하였느냐면, 앞의 현상들을 경험한 뒤에 오는 현상이기 때문입니다. 우리의 몸의 병과 죄와 악령의 영향 등의 불순한 것들이 성령의 은혜로 치유된 후에 찾아오는 평안함입니다. 마음으로 예수님을 찾는 기도는 이 평안함이 계속 유지되어야 바람직한 것입니다. 성령으로 충만하고 주의 임재가 강할수록 평안하고 고요한 기분이 계속 됩니다. 주님의 위로하심이 임하는 것입니다. 그 밖에도 개인에 따라 독특한 증상들을 경험하게 되지만 그 모든 현상은 치유와 회복이라는 과정에서 나타나는 증상입니다. 그 내용이 무엇을 의미하는지 구체적으로 알 필요는 없습니다. 그것보다 더 중요한 것은 주님과 동행하는 것이기 때문입니다. 마음으로 예수님을 찾는 기도를 통해서 얻는 유익은 이루 헤아릴 수 없이 많습니다. 어떤 분들은 시작하는 그 날로 영안이 열리기도 하고 주의 음성을 듣기도 합니다. 이제까지 그토록 원하

던 깊은기도가 이렇게 쉽게 이루어질 줄 몰랐다고들 고백합니다.

여섯째, 필자가 체험한 사례입니다. 2001년도 어느 날이었습니다. 제가 이렇게 성령의 권능도 나타나고 열심히 전도해도 교회가 성장하지 않아 하루는 전도하고 돌아와 하나님에게 저 목사 못하겠다고 하소연을 하며 마음으로 예수님을 찾으며 깊은 기도를 했습니다. 어느 정도 기도가 깊어진 다음에 하나님 저를 아마도 잘못 부르신 것입니다. 그리고 그때 비몽사몽 중에 만나게 한 십자가에 달린 예수님도 거짓이 구요. 저 지금도 건강하고 힘이 있습니다. 세상으로 내 보내 주셔서 세상일을 하면서 장로 되어 하나님을 주인으로 섬기게 하여 주세요. 이거 가장 체면이 무엇입니까? 전도를 아무리 해도 온다고 하기만 하고 한 명도 오지 않으니 이제 내 말은 다 거짓으로 판명이 나고 있습니다. 저를 도와주세요. 어떻게 합니까? 계속 그렇게 예수님을 찾으며 하소연을 하다가 깊은 경지에 들어갔습니다. 그때 저는 한창 내적 치유를 받으면서 깊은 기도 훈련을 받아 마음으로 예수님을 찾으며 깊은 기도에 이를 줄을 알았습니다. 한참 하소연을 하는데 갑자기 제 속에서 찬양이 올라오는 것입니다.

1절. 죄짐 맡은 우리 구주 어찌 좋은 친군지 걱정 근심 무거운 짐 우리 주께 맡기세 주께 고함 없는 고로 복을 얻지 못하네 사람들이 어찌하여 아뢸 줄을 모를까

2절. 시험 걱정 모든 괴롬 없는 사람 누군가 부질없이 낙심 말고 기도 드려 아뢰세 이런 진실하신 친구 찾아볼 수 있을까 우리 약함

아시오니 어찌 아니 아뢸까

3절. 근심 걱정 무거운 짐 아니 진 자 누군가 피난처는 우리 예수 주께 기도드리세 세상 친구 멸시하고 너를 조롱하여도 예수 품에 안기어서 참된 위로 받겠네. 아멘.

아멘까지 불러주었습니다. 그 찬양을 들으니까 가슴이 시원하고 정말 날아갈 것 같았습니다. 그래서 이것이 찬송인가 복음송인가 하여 찾아서 자랑을 하려고 우선 찬송가부터 들고 찾았습니다. 1장부터 한 구절 한 구절 읽으면서 찾아갔습니다. 그러다 마침내 찾아냈습니다. 찬송가 구 통일찬송가487(새찬송가369)장 죄 짐 맡은 우리 구주였습니다. 찬송을 읽어보고 부르고 읽어보고 부르니까, 결론이 내가 전부 다 하려니까 힘이 드는 것이었습니다. 그래서 이제 주님께서 하라는 대로 순종하고 주님에게 맡기고 열심히 전도하고 치유 받고 능력 받자. 하나님이 나와 함께 하시면서 찬양으로 위로를 해주시니 얼마나 감사한가! 정말로 하나님은 살아 계시다는 것을 느꼈습니다. 저를 한 시도 떠나지 않으시면서 저를 돕고 있다는 것을 알게 하셨습니다. 그때 제가 개척 교회를 한다고 하니 망할 사람이라고 친척한 사람이 찾아 오지를 않았습니다. 그러나 하나님은 동행하고 계셨습니다. 하나님의 사랑을 깨달았습니다. 나는 하지 못한다고 떼를 쓰는데, 나 같으면 발길질을 하면서 너 같은 놈 없어도 내일 할 수 있다, 가라 하겠습니다만, 하나님은 저를 찬양으로 위로하여 주셨습니다. 정말 주님의 마음은 깊고도 넓습니다. 감사합니다. 사랑합니다. 예수님!

13장 호흡으로 깊은 기도하며 마음 안에 보물 찾는 법

깊은 기도로 하나님께서 마음 안에 숨겨두신 권능과 지혜와 보물을 찾아서 사용하려면 호흡 기도를 숙달해야 합니다. 사람의 생명은 호흡에 있습니다. 하나님께서는 흙으로 사람을 지으시고, 그 코에 생기를 불어 넣으셨습니다(창 2:7). 그것이 호흡입니다. 호흡이 있기 전까지 사람은 생명이 없었으나 호흡이 시작되면서 사람은 생명을 얻게 되었습니다. 호흡이 풍성한 사람은 생명이 풍성한 것이며, 호흡이 약하고 위축된 사람은 생명이 연약한 것입니다. 그러므로 사람이 살기 위해서는 음식과 물을 잘 먹고 마셔야 하지만, 이에 못지않게 호흡을 잘 하여야 하는 것입니다. 숨을 잘 들여 마시는 것이 생명의 풍성함을 줍니다.

이는 단순한 공기, 산소의 마심이 아니고, 영을, 생명을 마시는 것입니다. 호흡 기도를 하려면 반드시 성령의 세례를 받아야 합니다. 성령으로 충만한 가운데 발성으로 기도하여 영의 통로가 뚫려야 합니다. 영의 통로가 뚫리지 않은 성도가 호흡으로 기도하면 악한 기운의 영향으로 영이 막힐 수도 있습니다. 우리가 바르게 알아야 할 것은 기도는 영의 활동입니다. 고로 기도는 성령으로 해야 합니다. 많은 분들이 기도하면 무조건 성령이 충만해지는 것으로 알고 있습니다. 이는 한번 잘 생각해 보아야 합니다. 세상 사람들도 기도합니다. 세상 사람들이 기도할 때 누가 들어옵니까? 성도의 기도가 세상 사람들과 같은 기도를 한다면 어떤 영이 침입을 하겠습니까?

첫째, 호흡기도의 원리: 호흡은 기도입니다. 죄를 토하고 의를 받아들인다는 의미에서 기도는 호흡입니다. 호흡은 생명입니다 (창2:7). 히브리말로 "영"을 의미하는 루아흐는 바람, 기운, 호흡, 숨을 말합니다. 예전에 성령님을 거룩한 숨 님이라고 번역한 곳도 있습니다. 호흡은 영의 공급과 영을 내쉬는 것입니다.

호흡은 주님을 들여 마십니다. (요20:19-23)"숨을 내쉬며 가라사대 성령을 받으라." (렘 23:24)"나 여호와가 말하노라 사람이 내게 보이지 아니하려고 누가 자기를 은밀한 곳에 숨길 수 있겠느냐 나 여호와가 말하노라 나는 천지에 충만하지 아니하냐."

성령이 충만해지는 영적인 호흡을 합시다. 호흡은 자연적 호흡(생명을 연장하는 호흡)과 영적인 호흡 두 종류가 있습니다. 영적인 호흡이란 예수 믿고 성령의 세례를 받고 성령의 인도를 받으면서 하는 것을 말합니다. 호흡과 생명의 충만은 같습니다. 강한 호흡은 생명의 충만입니다. 마시는 호흡과 내보내는 호흡을 합시다. 들숨은 영적 충전입니다. 날숨은 영과 신체 정화입니다. 물은 혈액과 같은 역할을 합니다. 물은 구름, 바람을 움직이듯이 호흡이 혈액의 흐름을 움직여 줍니다. 호흡은 강하고 깊어야 합니다. 자신의 성품을 바꾸게 될 것입니다. 약한 호흡은 문제가 있습니다. 심장이 약하기 때문에 호흡이 약한 것입니다. 호흡은 에너지이며 생기이며 기운입니다. 호흡이 약한 사람은 원수 마귀 귀신의 노예 생활에 가까워집니다. 비난 충격과 꾸지람을 듣고 야단을 맞게 되면 호흡이 약해집니다. 호흡과 기운은 이렇습니다. 호흡하는 힘은 그 사람의 생명력입니다. 풍선을 많이 불면 힘이 빠지고 어지러워집니다. 호흡의 풍성은 생명의 풍성입니다. 운동은 호흡을 확장시켜줍니다. 호흡은 나쁜 기운을 배출합니다. 한숨, 눈물, 불평도 배출합니다.

그러나 근심 두려움 원망 분노 등 악한 생각이나 감정에 사로잡힘은 자살 행위입니다. 악한 기운이 자리 잡으면 온갖 재앙을 일으킵니다. 기체의 악성 에너지가 시간이 지나면 암, 결석 등 고체 에너지가 됩니다. 발성 기도를 통하여 호흡을 충분히 배출해야 합니다. 거친 호흡은 심장의 경고입니다. 주님의 음성을 들으려면 성령의 임재 가운데 부드럽고 깊고 자연스러운 호흡을 훈련해야 합니다. 대화 중 제3자가 들어오면 싸늘해지기도 합니다. 호랑이도 제 말하면 옵니다. 영혼의 감각으로 알게 됩니다. 중보기도 자는 상대의 상태를 느낍니다. 쓰레기를 정화 시킬 능력이 없으면 대화와 접촉을 조심해야 합니다.

둘째, 호흡 기도의 방법:

1) 호흡기도: 꼭 성령으로 세례를 받고 내면을 치유하고 성령의 임재가운데 진행해야 합니다.

① 코로 숨을 들이 마시며 "예수님 사랑합니다." 숨을 내쉬면서

"예수님 사랑합니다."

② 코로 숨을 들이 마시며 "예수님" 숨을 내쉬면서 "사랑합니다."

③ 입을 벌려 작은 소리로 하기도 합니다. 입으로 하는 기도는 될 수 있는 대로 하지 않는 것이 좋습니다. 입이 마르면 성대가 상할 수가 있습니다.

④ 속으로 마음으로 생각하면서 기도를 드리기도 합니다.

⑤ 심장의 고동에 맞추어서 계속합니다. 반복합니다. 수 천, 수 만 번을 반복합니다. 그리스도인들이 예수님을 부르는 것은 주님과 가까운 교제를 위해 부르는 프로포즈입니다. 심장 기도, 예수 기도라고도 하며, 호흡, 심장, 걸음걸이에 맞추어서도 해보세요. 예수 충만(성령 충만), 예수 사랑, 나의 하나님 식으로 바꾸어서도 할 수 있습니다. "오주님 제안에 충만하게 임하시옵소서." 기도하면서 호흡하는 것이 좋습니다.

2) 코로 아랫배로 호흡하십시오. 호흡에 마음을 싣고 감사와 기도를 심어서 드립니다. 입으로 호흡하면 입이 마르거나 목이 붓거나 아플 수도 있습니다. 주님의 기운이 임하심을 믿고 합니다.

3) 호흡을 의식하십시오. 기도인 것을 의식하고 주님께 사랑과 감사의 마음으로 고백하면서 하는 것이 중요합니다.

4) 배출 호흡 시에 가슴이 답답함을 느낄 때는 장애물이 있는 경우입니다. 예수님을 부르면서 계속 호흡을 합니다. 성령이 충만한 가운데 가슴에 힘을 주고 트림하여 배출합니다. 자신이 성령으로

충만 해졌다면 후~, 후~ 하면서 숨을 깊기 쉬면서 토해내세요. 억지로 토해내려고 하면 안 됩니다. 호흡을 깊게 오래하면 자연스럽게 떠나갑니다. 성령으로 충만한 상태라면 "예수의 이름으로 나쁜 기운은 나가라" 명령 기도도 하세요. 거울을 보면서 명령할 수도 있습니다. 조용히 호흡하면서 내보낼 수도 있습니다. 그러나 호흡 기도가 깊어지면 성령이 충만해지므로 성령이 권능으로 자연스럽게 물러가니까, 떠나가라. 떠나가라. 하지 않는 것이 좋습니다.

5) 충분히 깊게 호흡하십시오. 경외감을 가지고 감사하는 마음으로 복식 호흡해야 합니다. 호흡이 차단되면 썩기 시작합니다. 지하 방, 또는 창문을 비닐로 막으면 공기가 상하기 시작하는 것처럼 말입니다.

6) 강한 호흡 기도는 가능하면 숨을 많이 들어 마셔야 합니다. 배꼽 아래까지 바람이 들어오도록 들이마셔야 합니다. 부르짖는 기도와 비슷합니다.

7) 깊은 호흡 기도는 천천히 호흡합니다. 마음을 가라앉히고 조용히, 코를 통하여 깊이 숨을 들이 마시고 내쉬고 합니다.

8) 정지 호흡 기도는 히6:4-6절의 내세의 능력을 맛보는 기도, 성령의 깊은 임재(입신) 상태 같이, 숨을 멈출 수도 있습니다. 숨을 멈춘다는 것은 자신이 숨을 쉬는 것을 느끼지 못한다는 말입니다. 은사는 영의 영성 아닌 육체의 영성입니다. 은사는 육체로 나타납니다. 은사에 치우치면 영이 안 자라고 영에 치우치면 삶은 아름답지만 무능합니다. 그러므로 양자가 균형을 이루어야 합니다.

9) 배 호흡 기도는 배에는 공기가 들어갈 수 없지만, 아랫배에 힘을 주고 생명력이 배에 충만하도록 숨을 들이 마십니다. 강한 호흡 기도와 비슷합니다. 영적 파워 힘이 생깁니다. 심장이 강해지고 장이 튼튼해지고 자신감이 생깁니다. 요한복음7장 38절 말씀과 같이 배에서 생수의 강이 흐릅니다. 처음에는 뜨겁지만 후에는 시원하고 평안하여 자유와 행복을 느낍니다.

10) 가슴 호흡 기도는 영감, 사랑, 심장 기도로서 내적 깊은 기도와 비슷합니다. 감정이 섬세하고 눈물이 많아집니다. 내적 기름 부음을 일으켜 줍니다. 부드럽고 온유한 성품이 됩니다. 불안할 때 호흡을 하며 낮은 발성 기도를 하면 5분 안에 평안해집니다. 성령이 충만하기 때문에 불안이 떠나가는 것입니다. 머리가 혼란할 때는 배에서 나오는 소리로 조금 높은 찬양을 하면 시원해집니다. 가슴 답답할 때는 배에 힘주고 배에서 나오는 소리로 방언하면 후련해집니다. 처음에는 배기도, 강한 기도 후 심장 기도로 진행합니다. 아름답고 사랑스러우며 따뜻한 사람 됩니다.

11) 머리 호흡 기도는 주의 이름을 부르며 머리에 마음을 집중하고 호흡합니다. 코로 호흡을 들이쉬고 코로 내쉬면서 합니다. 머리가 혼미하고 생각이 복잡한 분에 효과가 있습니다. 악몽은 머릿속 정화 과정입니다. 환상이나 신비한 체험을 동반할 수도 있습니다. 머리는 영적 문 역할을 하기에 주의가 요망됩니다.

12) 성경으로 성령을 마시는 호흡기도는 반복되는 짧은 문장으로 깊은 영향을 주어서, 처음3,000번, 그 다음 6,000번, 12,000번

후에는 자유롭게 합니다. 평안과 자면서도 임재 느낍니다. 예를 든다면 "주님, 저를 불쌍히 여기시옵소서" "예수님 사랑합니다." 반복할 때 긍휼과 자비 느낍니다. 성경 전체를 할 수도 있습니다. 성경을 간절한 마음으로 소리 내어 읽는 영성 훈련 방법도 있습니다. 소리는 안 내고 강하게 부드럽게 호흡하며 마시는 것도 좋습니다. 말씀을 눈으로 보며 코로 마셔도 됩니다.

13) 마시는 호흡을 다양하게 사용하세요. 찬양 테잎을 눕거나 쉬는 상태에서 들을 때도 호흡 기도를 사용하세요. 독서하면서도 호흡 적용하세요. 간증이나 설교 테잎을 들을 때도 적용하세요. 설교를 들을 때도 적용하세요.

14) 즐거움으로 계속 하십시오. 억지로 하는 것은 좋지 않습니다. 듣지 않고 간구만 했으면 듣는 기도와 선포 기도로 자신을 정화하세요. 호흡으로 기도를 하는데 불안하고 즐거움이 사라진다면 재고해 보아야 합니다. 영혼 깊은 곳의 즐거움과 기쁨은 주님의 감동과 인도입니다. 주님은 우리에게 기쁨을 주시는 분입니다. 걸어 다니는 성전이 되어 산책하면서도 할 수가 있습니다. 어디서나 호흡하며 주님을 충만하게 채워야 세상을 이기게 됩니다.

14장 깊은 기도 3단계로 마음 안에서 보물 찾는 법

깊은 기도로 하나님께서 마음 안에 숨겨두신 권능과 지혜와 보물을 찾아서 사용하려면 성령으로 깊은 기도를 해야 합니다. 우리가 깊은 기도의 단계에 들어가기 전에 통과해야 할 관문이 있습니다. 먼저 성령으로 세례를 받아야 합니다. 성령 세례는 성령세례를 받은 사람에게 가야 받을 수가 있습니다. 그 다음 부터는 부르짖는 기도의 단계입니다. 복식호흡을 하면서 주여! 주여! 하며 아랫배에서 나오는 소리로 부르짖는 기도를 하지 못하는 성도가 깊은 기도를 하면 영의 통로가 막힐 수가 있습니다. 반드시 부르짖는 기도를 하여 자신 안의 하나님과 막힌 영의 통로를 연 다음에 깊은 기도의 단계에 들어가야 한다는 것을 강조하고 싶습니다. 부르짖는 기도를 너무나 어렵게 생각할 필요는 없습니다. 호흡을 배꼽 아래까지 들이쉬고 내쉬면서 주여! 하면서, 즉 복식호흡을 하면서 연속적으로 하면 영의 통로가 열리게 됩니다. 호흡을 배꼽 아래까지 들이쉬고 내쉬면서 주여! 주여! 주여! 를 연속적으로 하면 되는 것입니다.

깊은 기도는 "쏘다, 던지다, 또는 숨쉬다, 호흡하다."에서 나온 말로 하루에 몇 번이라도 화살을 쏘듯이 자신 안의 주인이신 하나님께 바쳐 올리는 짧은 영의 기도, 한 번 숨 쉬고, 두 번 숨 쉬는 가운데 호흡처럼 함께 계속적으로 자연스럽게 반복하여 성령 안에서 영으로 기도하는 것입니다. 깊은 영의 기도에 이르는 방법은 이렇습니다. 깊어져 가는 순서에 따라 3단계로 구분합니다. 깊은 영의 기도 첫 단계는 소리를 내며 기도하는 육의 기도입니다. 두 번째 단계는 마음으로 하는 마음의 기도 단계입니다. 세 번째 단계는 깊은 영의 기도의 마지막 단계로서 두 번째 단계 마음의 기도를 계속하여 마음의 기도에 몰입할 때 자신도 모르는 순간에 들어갈 수 있는 깊은 영의기도입니다.

첫째, 깊은 영의 기도 1단계: 깊은 영의 기도의 1단계는 소리 내어 하는 기도입니다. 깊은 영의 기도의 첫 단계는 소리를 내어 또박또박 천천히 기도하는 것입니다. 이때 급하게 하지 말고 마음과 정신을 집중하여 기도 문장의 의미를 깊이 의식하면서 반복해야 합니다. 이 단계는 [영] [혼] [육]중에서 "육으로 기도하는 단계"입니다. [영] [혼] [육]이란, 사람을 삼등분(삼분)하여 표현한 말입니다. (살전 5:23)"평강의 하나님이 친히 너희를 온전히 거룩하게 하시고 또 너희의 온 영과 혼과 몸이 우리 주 예수 그리스도께서 강림하실 때에 흠 없게 보전되기를 원하노라."

이는 앞으로 깊은 영의 기도를 숙달하는데 핵심적이고 가장 중요한 요소이며 구별하고 알기가 무척 어려운 부분입니다. 필자가 기도문을 깊은 영의기도를 숙달하기 위하여 훈련할 때 현실 수행에 맞게 효과적으로 만들어 사용한 기도문입니다. "하나님 사랑합니다.""하나님 도와주세요.""하나님 용서해 주세요.""하나님 감사합니다.""하나님! 어떻게 할까요?"

여러 문장을 가지고 기도해 보았으나, 너무 길어서 효율이 떨어지고 나중에 자동으로 반복할 시에도 장애가 됩니다. 한번 자신이 정한 문장을 자주 바꾸면 반복하는데 어려움과 습관화시키는데 오랜 시간이 걸리므로 한번 정할 때에 간단명료하게 정하고 자주 바꾸지 말아야 합니다. 즉 바꾸면 이성과 정신을 사용해야 함으로 영적인 상태에 들어가는데 지장이 있습니다. 나중에 이 "한번 기도하는데 걸리는 시간"이 "걸을 때에 오른발과 왼발을 한번 내딛는데 걸리는 시간"과 또는 "호흡을 들이쉬고 내쉬는 시간"과 잘 맞아야 합니다. 그래서 바로 전에 말씀드린 간단한 기도문이 적절하다고 생각합니다. 자기 나름대로 기도문을 만들어 사용해도 됩니다. 자주 바꾸지는 마세요. 나중에 힘들어집니다. 깊은 영적인 상태에 들어가기 어려워진다는 말입니다. 이 음성 기도는 무의식에 심기어 자동으로 반복 되어지는 것을 경험할 때까지는 계속되어야 합니다. 나중에 2, 3단계 기도에 어려움이 생길 때에는 다시 1단계의 음성 기도로 돌아와서 집중력을 길러 다시 올라가야 합니다.

둘째, 깊은 영의기도의 2단계: 깊은 영적인 단계에 들어가는 깊은 영의기도 2단계는 마음의 기도입니다. 깊은 영의기도 2단계 기도를 숙달 할 때 "복식 호흡법"을 기도와 연결하면 쉽게 습관화시킬 수 있습니다. 즉 숨을 들이쉬고 내쉬는 동작을 한 사이클로 해서 반복합니다. 조용하고 편안한 곳, 기도에 방해받지 않고 집중하여 기도할 수 있는 자세를 취하시기를 바랍니다. 의자 등거리에 등과 엉덩이를 밀착하여 앉거나, 무릎을 꿇고 하는 것도 좋습니다. 본인이 하기 좋고, 편안하고, 자기를 낮추어 겸손하게 만들고 오래 할 수 있는 자세를 취하는 것이 좋습니다.

예를 들면, 숨을 들이쉬면서, "하나님" 하고, 숨을 내쉬면서 "사랑합니다." 하세요. 자연스럽게 호흡하는 속도로 하면 됩니다. 숨을 내쉴 때에 "사랑합니다."라고, 말한 뒤에도 계속 기도 내용에 집중하면 좋습니다. 또 다른 방법은 숨을 들이쉬고 내쉬면서, "하나님 도와주세요." 하고, 숨을 들이쉬고 천천히 내쉬면서 "하나님 용서해 주세요." 이렇게 하는 것은 특별한 왕도가 없고 본인이 편안하고 오래 습관적 집중적으로 할 수 있으면 됩니다.

절대로 남이 그렇게 했다고 따라서 할 필요는 없다는 것입니다. 2단계는 목소리를 죽이고 우리 머리의 생각을 죽이고 마음에 고도로 집중하여 기도합니다. 즉 우리의 "마음"을 이용하여 하는 기도입니다. 1단계 음성 기도가 깊어지면 2단계 마음의 기도는 자연스럽게 반복됩니다. 오랜 시간 기도할 때 소리 내어 기도하는 발성 기도로 오래 하면 피곤하고 지치므로 1시간은 발성기도, 1시간은 마음의 기도를 하면 서로 조화를 이루는 기도가 됩니다.

이 마음의 기도가 안 되고 정신이 산란해지면 발성 기도로 다시 돌아가야 합니다. 잘못하면 잡념에 사로잡히고 기도문이 막히는 경우도 생깁니다. 잡념을 해결하는 방법은 소리를 내어 발성 기도를 하든지, 계속적으로 예수님 사랑합니다. 예수님 도와주세요. 주여! 주여! 예수님을 찾는 등등으로 해결책을 찾아야 합니다. 절대로 잡념은 "떠나가라. 떠나가라." 하지 말고 지속적으로 예수님을 찾으면서 기도하면 자신 안에서 올라오는 성령의 권능으로 잡념이 떠나가고 사라지는 것입니다. 잡념의 원인은 내 안의 죄악과 세상에 대한 정욕과 상처 스트레스 들 때문입니다. 성령으로 충만한 상태에서 회개하고 용서하고 겸손해지면 잡념은 물러갑니다. 잡념에 관심을 두지 말고 지속적으로 기도를 하면 잡념은 사라집니다.

셋째, 깊은 영의기도의 3단계: 깊은 영적인 단계에 들어가는 깊은 영의 기도 3단계는 가장 어려운 단계로 영으로 하는 기도입니다. "정신의 핵심"인 영이 거처하는 마음 안에 내려가 영과 하나가 되는 성령의 기도입니다. 즉 혼의 가장 깨끗한 핵심 부분인 "누스"(Nous)가 영과 결합하여 성령으로 드리는 영의기도 입니다. 이 기도는 1,2단계 기도가 충분히 발전되어 자동으로 깊은 영의 기도가 24시간 쉼 없이 이루어질 때에 일어납니다. 순간 한 단계 낮은 단계로 떨어져서 깊은 영으로 기도를 하게 됩니다. 쉬지 않고 하나님을 찾으며 기도하는 단계입니다. 저는 이를 마음 속으로 들어가 예수님을 만나는 기도라고 합니다. 이때 마음 속 영에서 무한한 능력이 올라오게 됩니다. 항상 성령의 임재 가운데 있는 상태입니다. 즉 회개와 겸손과 희생으로 영적-정신적-육체가 충분히 정화되고 성령의 조명을 받을 때에 일어납니다. 이 때에 하나님을 대면하며 그의 현존과 임재를 느끼며, 우리의 전인(全人)(영적.정신적.육체적)이 치유되고 통합되는 신비한 체험을 합니다. 쎄오리아(Theoria), 즉 하나님을 "바라봄"(Contemplation: 봄, 임재 하심을 느낌, 현존을 체험)이라는 최고의 단계에 이릅니다. 이것은 어떤 부정적 의미의 신비주의나 엑스타시가 아니라, 자신 안에서 올라오는 성령의 역사로 내 전인이 변화를 받아 지혜와 사랑을 얻기 위한 성령 하나님의 은총의 체험입니다.

이 바라봄의 결과로 하나님이 주신 성령의 불과 능력이 흘러나오며, 하나님이 주시는 참 지혜가 생기며, 세상을 향해 베풀 수 있는 사랑을 하나님으로부터 받게 됩니다. 저는 이 기도를 통하여 저의 영적-정신적 육체의 치유와 깊은 영성을 유지하며 사역을 하고 있습니다. 이 깊은 영의기도 3단계에 의식적으로 들어가야 하겠다고 생각하면 절대 들어갈 수 없습니다. 2단계 마음의 기도를 집중적으로 몰입해서 계속하다가 보면 어느 순간에 한 단계 깊은 영의 기도에 들어갑니다. 영의 기도의 최고의 경지로서 여러 가지 영적 체험을 할 수 있습니다. 이 단계에 들어가려면 많은 훈련과 의지와 노력이 필요합니다. 마음과 같이 쉽게 되지 않습니다.

넷째, 깊은 영의기도를 숙달하는 여러 방법

1) 심장기도: 심장박동에 맞추어 깊은 영의기도를 하는 것입니다. "예수여~ 나를 도우소서"라는 기도문을 심장 박동에 맞춤으로 기도에 다른 생각이 들어가지 못하게 하는 것입니다. 심장박동에 맞춤으로 생각과 마음을 분리시키는 것입니다. 그리고 이 간단

한 문장에 트럭에 짐을 실어 보내 듯 문제를 실어서 주님에게 보내시기 바랍니다.

① 자신의 심장박동에 정신을 집중하세요.

② 손을 심장 부분에 대어서 박동을 감지하세요.

③ 심장의 박동에 한 단어 또는 절반을 실어서 마음으로 기도문을 외우세요.

④ 기도문을 박동에 실어서 규칙적으로 기도하세요. 짧게 또는 길게 하여도 무방합니다.

2) 시계 초침 소리에 맞춰서: "예수님…. 사랑합니다." 반복하며 기도하는 것입니다. 먼저 십자가에 달리신 주님과 부활하신 주님을 생각하세요. 영광중에 다시 오실 예수님을 상상하세요. 모든 권세를 예수님은 지니고 계십니다. 그 분을 내 마음에 담고 내 마음에 충만히 거하시게 하며 예수님의 사랑을 마음에 가득히 소유하세요.

3) 복식 호흡기도: 기도문을 호흡을 할 때, 숨을 가만히 들어 마시면서 "예수님을…." 부릅니다. 다시 호흡을 내 쉬면서 "사랑합니다." 계속 반복하면 마음이 안정되며, 정신이 맑아지며, 마음이 평안해지며, 심령 깊은 곳에서 성령의 역사 주님의 임재가 시작됩니다. 계속하다가 보면 자신 안의 하나님의 보좌와 연결되는 영적인 상태가 되는 것입니다.

4) 걸으면서 기도: 한 발자국씩 걸을 때 '예수님' 다음 발자국에 '사랑합니다.' 이렇게 계속 걸어가면서 기도합니다.

5) 맥박 기도: 한 손을 가슴에 대거나 맥박을 느낄 수 있는 손목에 대거나 해서 한번 맥박이 뛸 때 '예수님….' 다음번에 '사랑합니다.' 를 반복하세요. 맥박에 집중하며 기도합니다.

6) 잠자기 전에 잠자면서 기도: 음악을 잔잔하게 틀어 놓는 것이 좋습니다. 순수한 악기로만 연주된 찬양이 좋습니다. 미가엘 찬양반주기가 좋습니다. 가슴에 손을 얹고 "예수님 사랑합니다."를 반복하세요. 그러면서 잠을 자는 것입니다.

7) 전철에서 기도: 전철을 타면 기차 레일에서 반복적으로 나는 소리에 한 번에 '예수님' '사랑합니다.'를 반복하세요.

8) 일을 하면서 하는 기도: 마음으로 "예수님 사랑합니다." "예수님 도와주세요." "예수님 어떻게 할까요?" 우리의 모든 공간(생각, 마음, 영혼)을 거룩한 예수님의 이름으로 가득히 채워야 합니다. 우리 안에 예수님이 채워져 있으면 있을수록 혼돈, 무질서, 음란, 욕심, 불안함, 두려움, 좌절감과 같은 부정적이며 나에게 피해를 주는 나쁜 감정, 생각들이 나에게 영향을 주지 못하게 되고 주님이 주시는 평안과 위로와 소망이 늘 나의 마음과 생각을 주장하게 됩니다. 처음에는 깊은 영의 기도가 무료하게 느껴질 수 있습니다.

그러나 인내하며 계속하면 자신의 메마른 심령에서 맑은 물이 어디선가 흘러 들어오는 것을 느낄 수 있습니다. 내 영혼 깊은 곳에서 마치 새벽이 오는 것처럼 마음이 밝아오는 것을 내면에서 느껴집니다. 깊은 영의기도를 반복하여 자신의 영혼에 불을 피어나게 해야 합니다.

다섯째, 영성이 깊어지고 영이 깨어나는 깊은 영의 기도의 실천. 성령님~ 성령님~ 하면서 성령님을 먼저 요청하세요. 손을 가슴에 얹고. 편안한 자세, 간편한 옷을 입고, 배가 고프지도 않고, 너무 부르지도 않은 상태에서, 조용한 시간으로 잠자기 직전, 직후의 1-2시간을 택해서 하면 좋습니다. 부부가 같이 하면서 서로 기도해 주면 더욱 좋습니다. 조용한 장소로서 소파 같은 곳, 약간 딱딱한 곳이 좋습니다. 찬양 음악이 있으면 좋습니다. 순수한 악기로만 연주된 찬양이 좋습니다. 시작 전에 조용한 찬양을 하거나 들으세요.

그러면서 성령님에게 집중하세요. 성령님을 자꾸 찾으세요. 단조롭게 성령님을 부르세요. 도움을 요청하세요. 감사와 사랑을 고백하세요. 그러면서 가만히 있으세요. 마음속에 성령님을 느끼세요. 호흡이 약간 빨라집니다. 긴장이 풀리면서 눈까풀이 떨거나 표정이 평안하게 됩니다. 불이 심령에서 올라오고, 약간 몽롱한 상태, 그러나 마음이 부풀어 오르는 것 같은 상태를 느낄 수 있게 됩니다. 포근함, 안락함, 짐을 내려놓은 느낌을 가지게 됩니다. 그러면서 계속 성령님을 찾으세요. '성령님, 임하소서' '성령님 사랑합니다.'하고 자꾸 성령님을 부르세요.

그러면서 시간의 개념으로부터 분리 되려고 해야 합니다. 외부적인 감각이 꺼지면서 내면의 활동이 강하게 됩니다. 그 자체가 이미 기쁨이 넘치며 많은 은혜가 임하게 됩니다. 깊은 영의기도는 우리에게 신비한 체험을 하게 합니다. 날마다 영으로 깊은 영의 기도를 하여 신비한 체험을 하고 간증하는 모두가 되시기를 바랍니다.

여섯째, 깊은 영의기도 체험. 깊은 영의 기도는 처음에 막연하고, 허무하고, 공백상태 같고, 시간낭비, 게으름 같은 느낌을 가집니다. 그러나 그렇게 생각하지 말아야 됩니다. 자꾸 하면 할수록 자신의 영성과 성품의 변화와 영적-정신적-육체적인 건강을 체험적으로 느끼게 됩니다. 의지를 가지고 숙달하여 보시기를 바랍니다. 평소에 삶의 대부분을 정신 활동에 익숙해 왔기 때문에 마음의 활동이 무의미하거나, 이상하게 느껴질 수도 있습니다. 그러나 꾸준히 계속하면 놀라울 정도의 영적 발전을 하게 됩니다. 중요한 것은 불씨를 얼마나 귀하게 간직하고 키우는가 하는 것입니다. 지속적인 훈련이 중요합니다. 절대로 중간에 훈련을 놓치지 말아야 합니다. 깊은 영적 기도는 참으로 신앙생활의 보물이요 금맥입니다. 험악한 세상을 이기는 능력이 자신 안의 성령님으로부터 올라옵니다. 많은 것이 이 깊은 영적 기도를 통해 옵니다.

성령과 교제하는 깊은 영의 기도에서 중요한 것은 깊이 들어가는 것입니다. 깊이 들어가야 맑은 생수가 나오게 됩니다. 전에는 조금만 파도 되었으나, 이제는 오염되었으므로 깊이 파야 합니다. 깊이 파는 훈련을 게을리 하지 말아야 합니다.

문제는 지속적인 훈련입니다. 얼마나 계속하느냐 입니다. 이것이 바로 믿음입니다. 믿음으로 계속하는 것입니다. 익숙해질 때까지 의지를 동원하여 감각, 감정, 지성, 이성, 의지, 상상력을 최대한으로 중지한 상태에서 기도하다가 보면, 자신의 깊은 곳에서 무엇인가 새롭고 신비스러운 능력이 활동하며, 그러는 사이에 자신도 모르는 사이에 내적, 육체적 상처가 치유되며, 성품이 새로워지며, 삶의 소망과 기쁨이 넘치며, 영성이 발달되며 영감과 지혜가 발달되며, 신앙의 궁극적 목적인 하나님을 뜨겁게 사랑하게 됩니다. 지금 살아있으면서 천국을 체험할 수가 있습니다.

깊은 영의 기도를 하려면 먼저 불같은 성령으로 세례를 받아야 합니다. 그리고 무의식 잠재의식의 마음의 상처를 치유해야 합니다. 내면을 다져야 합니다. 이것도 대충이 아니라 완전하게 치유되어야 합니다. 목회자라면 사모님과 같이 내적치유를 받는 것이 좋습니다. 필자가 이제 좀 영적인 눈을 뜨고 목회를 하다 보니 목회가 그렇게 말같이 쉬운 것이 아닙니다. 목사 안수 받았다고 목사가 되는 것도 목회하는 것도 아닙니다. 영적-정신적-육체적으로 많은 준비가 중요합니다. 그것도 사모님하고 같이 준비해야 합니다. 그래서 저는 내적치유를 1년을 받고 깊은 영의기도 훈련을 받아, 깊은 영의기도에 대한 이론을 숙지하고 직접 깊은 영의기도를 숙달하는 개인 훈련을 약 7개월 동안 주야를 불문하고 마치 미친 사람같이 내 안에 하나님을 찾으며 기도를 하고 다녔습니다. 저는 하나님으로 충만하게 채워지지 않으면 우리 식구들 자식들 다 굶어 죽는 다는 생각으로 마치 미친 사람같이 예수님 사랑합니다,를 하면서 전도하고 다녔습니다.

그러다가 숙달하게 되었습니다. 성도나 목회자가 영적으로 바뛰는 것이 그렇게 대충 쉽게 되는 것이 아닙니다. 많은 목회자 분들이 대충해서 능력을 받으려고 하는데 마음부터 바꾸어야 합니다. 의지와 노력이 필요합니다. 깊은 영의 기도에 돌입하면 이런 현상이 나타납니다. 마음속에서 불이 올라오는 것을 느낍니다. 얼굴이 성령의 불로 화끈 거리기도 합니다. 손에서 불이 나오는 것을 느끼기도 합니다. 울음이 나오고, 웃음이 나오고, 찬송이 올라오고, 그러면서 마음에 참 평안이 찾아옵니다. 잠을 자는 것도 아니고 그렇다고 쉬는 것도 아닌 몽롱한 현상이 찾아옵니다. 너무너무 평안해집니다. 체험해야 이해가 됩니다. 그러면서 온몸을 성령께서 만져주십니다. 뭉친 근육도 풀어주시고, 관절과 관절 사이의 아드레날린도 풀어주시고, 허리 디스크 어긋난 곳도 허리를 돌리면서 흔들어 맞추어 주시고, 막힌 영의 통로도 뚫어 주시면서 재채기도 하게 하시고, 하품도 나오게 하시고, 입에서는 계속 불이 나오고, 얼굴은 성령의 불로 화끈 거리고, 몸은 가누지를 잘못합니다.

그러니까, 잘 모르는 성도는 목사님이 기도 안 하시고 주무신다고 할 정도로 몸을 가누기가 힘이 듭니다. 좌우지간 무아지경에 빠지게 됩니다. 이렇게 깊은 임재에 들어가 있을 때 누가 지나가면서 생각하고 말하는 것까지 다 느낄 수가 있습니다. 예를 들어 옆에 지나가는 성도가 목사님 기도 하신다더니 주무시고 있고만, 하는 성도의 생각까지 감지하게 됩니다.

깊은 기도로 영의 상태에 들어가면 무의식에서 괴로운 현상이 올라올 수가 있습니다. 옛날이 인간 취급을 받지 못하면서 상처와 스트레스를 받던 현상과 어려서 부모님들에게 질책을 당하거나 폭행당하던 생각이나 현상이라든가, 직장에서 상사에게 당하던 상처 스트레스라던가, 직장 동료들에게 당하던 인격모독이나 상처 스트레스라던가, 교통사고나 불이나 물에 의한 사고 당시 충격이라던가. 재해 사건을 당할 때 받았던 충격이라든가, 군대에서 상급자들에게 당하던 인격모독이나 상처 스트레스라던가 등등 괴롭고 힘든 상황이 재현되면서 자신을 괴롭게 할 수가 있습니다. 이때에는 떠나가라. 떠나가라. 하면서 자기 의지로 처리하려고 하면 절대로 사라지지 않습니다. 하나님은 모든 사건 사고를 그대로 보고 직시하면서 인정하게 하시고 성령으로 정화하고 치유하고 배출을 시킵니다. 그러므로 호흡을 들이쉬고 내쉬면서 성령의 역사를 도와드리면 성령께서 치유하고 배출시킵니다. 치유는 전적으로 주인이신 성령께서 하시는 것입니다.

　이러한 현상을 말로 표현한다는 것이 좀 그렇습니다. 어찌하든지 체험해 보면 이해하게 됩니다. 그러면서 성품이 변하고 세상 욕심이 없어지고 영육의 건강이 회복됩니다. **뼈**와 근육과 장기에 쌓여있는 염증과 독소가 녹아서 배출이 됩니다. 그러므로 깊은 영의 기도를 하면 영육의 건강에도 무척 도움이 됩니다. 깊은 영의 기도를 숙달하여 보시기를 바랍니다. 더 상세한 것은 [깊은 영의기도 숙달하는 비결] [성령으로 온 몸기도 하는 법] 책을 참고 하기를 바랍니다.

15장 명상하며 깊은 기도로 마음 안에 보물 찾는 법

　깊은 기도로 하나님께서 마음 안에 숨겨두신 권능과 지혜와 보물을 찾아서 사용하려면 명상 기도를 숙달하는 것도 좋습니다. 명상 기도를 일부 기독교인들이 불교 냄새가 난다고 거부하는 분들이 있습니다. 이는 명상 기도에 편견을 가졌거나 잘못 알고 하는 말입니다. 명상 기도는 원래 기독교에서 먼저 시작이 되었습니다. 천주교 수도사들이 명상 기도를 했습니다. 명상 기도는 기도하는 대상이 인격적이고 살아계신 하나님이며 하나님과의 일치와 연합이 목적입니다. 명상 기도를 할 때 기도 대상은 자신 안에 주인이신 인격적인 하나님이십니다. 자신 안에 주인이신 하나님과의 일치와 연합이 됨으로 하늘나라 천국이 되고 살아계신 하나님의 성전이 되어 자신의 마음 안에서 올라오는 성령의 불의 역사로 마음의 상처와 스트레스가 정화되고 치유되며 자연스럽게 영적-정신적-육체의 기능이 정상이 되니 영력과 면역력이 강화되는 것입니다. 이는 직접 체험해 보아야 인정하고 믿게 될 것입니다.

　이 명상기도를 하려면 영적인 단계를 먼저 통과해야 마음 안에서 명상하는 수준이 될 수가 있습니다. 통과 해야 할 과문은 이것입니다. 1)예수님을 주인으로 영접해야 합니다. 2)성령으로 세례를 받아야 합니다. 성령으로 세례를 받아야 성령께서 명상 가운데 마음 안으로 들어가도록 인도하십니다. 성령으로 세례를 받으려면 성령으로 세례를 받고 목회하는 목회자에게 가셔야 합니다.

내적 치유를 해야 합니다. 내면이 정리 정화되지 않으면 깊은 기도로 마음 안에 들어갈 수가 없습니다. 4)귀신을 쫓아내야 합니다. 성령으로 세례를 받고 성령의 충만을 받으면서 내적 치유를 하기 시작하면 귀신을 자동으로 떠나갑니다. 5)오래 기도를 할 수 있는 훈련을 해야 합니다, 오래 기도하지 못하면 깊은 기도하며 마음 안으로 들어갈 수가 없습니다. 무조건 기도를 오래 하는 것만이 등사가 아니고. 영적인 상태, 뇌파로는 세타파에 들어가는 기도가 되어야 합니다.

우리는 이 명상 기도를 통하여 말씀을 매체로 죄와 허물을 비우는 것 뿐 아니라, 그리스도의 영인 성령으로 자신 안을 채우는 것입니다. 반면 세상이나 절에서 하는 참선은 비인격적인 무를 대상으로 명상이라는 방법을 통해 비움의 과정을 거쳐 무념무상에 이르는 것을 목표로 하는 것입니다. 사람이 무념무상에 이르므로 세상 악신이 그 사람을 장악하는 것입니다. 뉴에이지 운동입니다. 우리가 배우려고 하는 복음적인 명상은 외부와 단절된 상태에서 은밀하고 조용하게 성령님의 인도를 받아가며 예수님을 부르면서 마음 안에 계시는 하나님의 만남을 통해서 영적인 교제를 나누어 인간의 내면의 영역 깊이까지 하나님의 생각과 마음과 뜻과 능력과 눈을 갖도록 훈련시키는 하나님의 능력이며, 겉 사람의 방해를 받지 않도록 마음의 기능을 절제시키고 성령으로 영적인 기능을 강화하는 집중훈련입니다. 절대로 성령님의 이끌림을 받으면서 예수님의 이름을 부르면서 하는 훈련입니다.

이 훈련은 초월명상이나 초능력 훈련과 유사한 점이 많아서 오해 되어질 요소가 많습니다. 그러나 명상의 대상이 자신이 아니라 하나님이며, 내 안에 성령을 채우기 위함이며, 항상 마음으로 예수님의 이름을 부르면서 하기 때문에 그 목적이 인간적인 욕망을 이루기 위함이 아니라, 마음에 하나님을 채워서 하나님의 뜻을 알고 순종하는데 있습니다.

첫째, 명상 호흡 기도 방법: 명상과 호흡은 긴장을 완전히 풀고 심신의 안정을 얻음으로써 몸까지 건강하게 만들어 줍니다. 명상을 통하여 뇌파를 베타파에서 알파파로 안정되게 하여 점차 세타파로 들어가 스트레스와 쌓인 피로를 한방에 날려버릴 수 있는 명상 호흡법을 배워봅시다. 모든 병의 원인은 바로 스트레스. 이런 스트레스로 인한 몸과 마음의 고통, 질병을 다스리는 가장 좋은 방법이 명상입니다. 이 기도를 하면 할수록 전인격이 하나님의 나라가 됨으로 성령의 권능과 면역력이 강화되는 것입니다.

외부 자극에 의해 늘 긴장된 의식을 현실 세계로부터 잠시 떼어놓아, 밖으로 향했던 마음을 자신의 고요한 내적인 세계로 향하게 만들기 때문입니다. 이 과정에서 심리적인 안정을 얻고 마음이 고요해지며 정화되는 느낌도 받을 수 있습니다. 나아가 육체적으로도 휴식을 취해 몸의 피곤이 사라집니다.

실제로 명상을 하면 뇌파가 의식이 깨어 있는 베타파에서 가수면 상태의 알파파로 안정이 되면서 자율신경계의 조화가 이루어지고 긴장된 근육이 이완되는 효과와 함께 면역력이 강해집니다. 더 나아가 영적 상태인 세타파로 이르게 됩니다. 명상 상태에 있을 때는 자신의 좋지 않은 성격과 행동을 자신의 깨달음과 성령의 도우심으로 바꿀 수 있습니다. 나아가 기억력, 사고력, 추리력, 창의력 등도 증진시킬 수 있습니다.

중요한 것은 영의 상태에 들어가면 몽롱해지면서 졸릴 때 일어나는 현상이 나타날 수가 있습니다. 절대로 졸지 않으려고 하지 말고 숨을 들이쉬고 내쉬면서 성령님만 찾는 것입니다. 그러면 자는 것도 아니고 깨어있는 것도 아닌 영의 상태가 됩니다. 이때 영적 정신적 육체가 치유되면서 하나님의 나라가 되는 것입니다. 하나님의 나라가 되어야 영적-정신적-육체가 건강합니다.

그러나 초기에는 졸음이 오게 마련입니다. 이때도 느긋하게 호흡을 계속하세요. 자신의 내면을 성령님이 치유하십니다. 점점 치유가 되면 졸리는 현상이 없어집니다. 느긋해야 합니다.

둘째, 하나님의 권능과 지혜를 받는 명상. 명상은 보통 아침에 일어나서 하는 것으로 알려져 있지만 꼭 아침일 필요는 없고 자기 전도 괜찮습니다. 단, 타인의 방해를 받지 않는 조용하고 조명이 은은한 곳이 좋습니다. 명상을 하는 것은 그다지 어렵지도 않고 특별한 도구가 필요하지도 않습니다. 다만 명상을 하기 전에는 장을 먼저 풀어주어야 합니다. 주먹을 가볍게 쥐어 장을 두드리고 주무르고 누르고 하여 편안하게 해줍니다. 그래야만 마음과 정신을 쉽게 집중시킬 수 있습니다. 그 후 편안한 자세로 앉거나 누워서 몸을 좌우로 부드럽게 움직여 몸과 마음을 편안히 이완시킵니다.

몸이 이완되면 온몸이 환한 빛으로 감싸였다고 상상하면서 그 편안함과 행복감을 느껴봅니다. 30분 정도 자연스럽게 편안함을 누린 다음에 복식호흡을 5분 간하여 마무리합니다. 복식호흡은 양손을 아랫배에 대고 천천히 코로 숨을 아랫배까지 들이마시고 내쉬는데, 이때 코나 목으로 호흡하는 것이 아니라, 아랫배를 이용해 숨을 쉬는 것입니다. 복식호흡이 익숙해지면 처음 명상에 들어갈 때 같이 하면 효과적입니다. 이때 음악이 있으면 초보자에게 도움이 됩니다. 악기로만 연주된 찬송가가 좋습니다. 미가엘 찬양반주기도 좋습니다. 호흡하며 명상에 집중해야 되기 때문에 잔잔한 음악이 도움이 됩니다.

셋째, 명상 기도의 자세: 자세는 최대한 편안하여 오래 지속할 수 있는 자세를 선택합니다.

1) 바닥에 가부좌나 반가부좌로 앉거나, 오래 할 수 있다면 무릎을 꿇거나, 의자에 등을 붙이고 앉습니다. 이때 허리는 곧게 펴야 합니다. 본인이 편한 자세를 취하면 됩니다. 의자에 앉아서 하면 됩니다. 필자는 의자에 앉아서 합니다. 무릎을 꿇으면 몸이 피곤하고 자연스럽지 못하여 오래 할 수가 없습니다.

2) 손바닥을 위로 향하게 하고 할 수도 있고, 양손을 아랫배에다 대고 할 수도 있고, 한 손은 가슴에 대고 한 손은 아랫배에 대고도

할 수가 있습니다. 이는 명상 기도에 집중을 하기 위한 방법이기도 합니다. 또 성령으로부터 오는 생명의 기운이 몸 안에 머물도록 해주는 역할을 합니다.

넷째, 호흡 - 집중 명상법: 눈을 감고 코로 깊게 아랫배까지 깊게 호흡합니다. 이때 호흡에 집중하는 것이 중요합니다. 공기가 몸속으로 충분히 들어와 몸 밖으로 나갈 수 있도록 코로 숨을 아랫배까지 들이쉴 때 "예수님/성령님" 내쉴 때 "사랑합니다." 처음에는 밖의 소음이나 잡다한 생각, 감정 등에 의해 흔들릴 수 있습니다. 이때에는 그것을 방해 거리라고 생각하지 말고 오로지 "예수님/성령님" 찾는 명상 기도에만 집중하다가 보면 성령이 충만하게 됨으로 밖의 소음이나 잡다한 생각은 자연스럽게 관심에서 사라지게 됩니다. 절대로 명상 중에 찾아오는 생각이나 느낌 등 집중을 방해하는 것들에 빠져들지 않도록 주의하고 억지로 "집중해야 해"하는 생각은 버리는 것이 좋습니다. 또 떠나가라, 떠나가라 하면서 대적하는 것도 삼가는 것이 좋습니다. 왜냐하면 머리로 생각을 하면 육적인 상태로 돌아갈 수가 있기 때문입니다. 이는 자꾸 해보면 이유를 알게 됩니다.

계속 호흡을 깊게 들이쉬면서 "예수님/성령님" 내쉬면서 "사랑합니다"를 반복하세요. 그러다가 보면 순간 집중이 되게 됩니다. 그러므로 호흡을 계속하면서 자연스럽게 끌리듯이 집중해야 하는 것입니다. 이런 훈련을 반복하다 보면 마음 안에 계신 예수님께 집중하게 됩니다. 초보자라면 한 번에 5분간만 명상을 하고 매주 5분씩 시간을 늘려나가면 됩니다. 천천히 진행하다 보면 몸이 명상의 자세에 익숙해지면서 매우 편안해지는 것을 느낄 수 있습니다. 단 몸이 불편하면 집중하기 어려우므로 억지로 시간을 늘릴 필요는 없습니다.

닷째, 낱말 - 집중 명상법: 이 명상법은 어떤 낱말이나 구절을 계속 반복해서 말하면서 집중하는 방법입니다. 혼자서 같은 낱말이나 구절을 소리 내지 않고 반복하면서 호흡과 리듬을 맞춤으로써 마음에 언어가 무의식에 집중이 되도록 합니다. 작은 소리를 내면서 집중해도 됩니다. 이때 나에게 개인적으로 강한 의미를 갖고 있는 단어나 구절을 선택합니다. 그래야 긍정적인 효과를 거둘 수 있습니다. 예를 들어 "예수 사랑", "예수 능력", "예수 치유", "예수 말씀", "예수 권세", "예수 천국" 등의 낱말은 매우 유용합니다. 걸음을 걸을 때도 적용하기가 좋은 방법입니다.

여섯째, 명상 기도의 효과: 몸과 마음이 성령으로 충만해지면서 안정이 되므로 집중력이 향상되고 하나님의 참 평안을 체험적으로 느끼게 됩니다. 내면의 상처가 정화됩니다. 하나님의 지식 지혜의 말씀의 은사가 나타납니다. 예언의 은사가 나타납니다. 하나님의 음성을 듣습니다. 성령의 충만함을 유지합니다. 말씀의 비밀을 깨닫게 됩니다. 혈기가 사라집니다. 그 외에도 명상 중에 뇌하수체에서 엔돌핀이나 엔케팔린 같은 자연 진통제가 생성되며 부신에서 통증과 신경통과 같은 염증을 낫게 하는 신비한 화학물질이 나옵니다. 심장 박동수를 조절하며, 동맥이 이완되기 때문에 혈액의 순환이 잘되고 혈압이 낮아집니다. 신체의 전 기관에 긴장 완화를 줍니다. 혈액 내의 코티졸의 양을 줄여줍니다. 스트레스와 긴장의 완화로 심장에 좋습니다. 저 체온이던 사람이 정상으로 36-37도로 올라갑니다. 신경, 정신질환이 해소되며 심리적으로 안정되어 모든 일에 자신감과 여유가 생깁니다. 자연스럽게 성령의 권능과 면역력이 강화되어 영적-정신적- 육체적인 질병이 치유됩니다.

명상을 하고 나면 기분이 상쾌해집니다. 불안감, 우울증, 초조함이 사라집니다. 다른 사람의 말이나 감정에 휘둘리는 것이 아니라, 감정의 주인이 됩니다. 불면증이 해소되어 잠이 잘 오고 깊은 잠에 들어갑니다. 건망증이 해소되고 정신이 맑아집니다. 그리스도인은 무엇보다 안정한 심령이 되는 것이 중요합니다. 안정한 심령이 되어야 마음이 평안해지고 면역력이 강해지며, 성령이 충만할 수 있고 영의 상태에 들어갈 수가 있기 때문입니다. 명상을 통한 온몸 기도로 영이신 하나님과 교통하여 하나님의 음성(뜻)을 알고 순종하시기를 바랍니다.

16장 찬송으로 깊은 기도하며 마음 안에 보물 찾는 법

깊은 기도로 하나님께서 마음 안에 숨겨 두신 권능과 지혜와 보물을 찾아서 사용하려면 찬송으로 기도하며 마음 안으로 들어가는 방법을 숙달해야 합니다. 성경에는 찬송의 능력을 체험한 신앙의 선진들의 신앙고백이 곳곳에 기록되어 있습니다. 그들의 고백은 이러한 것들입니다.

* 아침과 저녁마다 찬송하리이다(대상 23:10).
* 하루에 일곱 번씩 찬송하리이다(시 119:164).
* 밤중에 찬송하리이다(시 42:8).
* 살아있을 동안에 찬송하리이다(시 104:33).
* 영원토록 찬송하리이다(대상 16:36).
* 끊임없이 찬송하리이다(시 34:1).
* 예배 때 마다 찬송하리이다(시 68:26).

신앙의 선진들은 왜 이렇게 찬송을 중요하게 여겼을까요? 그것은 찬송 속에 놀라운 하나님의 능력이 담겨 있기 때문입니다. 찬송의 능력은 무엇입니까? 우리가 이것을 알 때에 우리의 기도 생활은 달라질 것이고 삶의 변화가 일어날 것입니다.

첫째, 찬송의 능력입니다. 찬송에는 이러한 권능이 있습니다.

1) 옥문이 열립니다. 바울과 실라는 복음을 전하다 옥에 갇히게

되었습니다. 그러나 그들은 낙심하지 않고 기도하고 찬양했습니다. 기도와 찬송으로 일어난 기적으로 간수와 그 가족들이 예수 그리스도를 영접하였습니다. 그들의 기도와 찬송은 막힌 복음의 문을 활짝 열어 놓는 것이었습니다. 옥문은 생각해 보면 우리를 얽어매는 문제들을 상징하는 것입니다. 우리를 억압하는 문제의 형틀은 기도와 찬양을 통해 풀어지는 역사가 있습니다. 사도행전 16:25-26절에 보면 ""한밤중에 바울과 실라가 기도하고 하나님을 찬송하매 죄수들이 듣더라 이에 갑자기 큰 지진이 나서 옥터가 움직이고 문이 곧 다 열리며 모든 사람의 매인 것이 다 벗어진지라"

2) 마음이 즐거워집니다. 즐거움에는 외면적인 것과 내면적인 것이 있습니다. 세상이 주는 외면적인 즐거움은 일시적입니다. 그러나 찬송이 주는 내면적인 즐거움은 성령께서 주시는 것으로 영원한 것입니다. 나의 삶 속에 기쁨이 넘치는 삶을 살기 원하십니까? 하나님을 찬양하십시오. 그러면 이러한 기쁨이 넘치는 신앙의 삶을 살게 될 것입니다. (시105:2-3)"그에게 노래하며 그를 찬양하며 그의 모든 기이한 일들을 말할지어다. 그의 거룩한 이름을 자랑하라 여호와를 구하는 자들은 마음이 즐거울지로다"

3) 두려움이 사라집니다. 다윗은 블레셋의 가드로 피했습니다. 블레셋의 장군들이 다윗이 사울의 뒤를 이어 왕이 될 자라고 말하자 다윗은 아기스 왕을 두려워했습니다. 그러나 그는 두려움 가운

데 하나님께 기도하고 찬양했습니다. 그는 기도와 찬양을 통해 하나님께서 자신의 생명을 구원할 것이라는 확신을 얻었습니다. 두려움은 외부에서 오는 것보다 내면에 있는 두려움이 더욱 무서운 것입니다. 찬송의 능력은 내 마음에 기쁨을 주고 밝게 만들어 줍니다. 어떤 두려운 일을 만나도 두렵지 않게 하며, 더욱 적극적으로 대처하게 만들어 줍니다. (시56:4)"내가 하나님을 의지하고 그 말씀을 찬송하올지라. 내가 하나님을 의지하였은즉 두려워하지 아니하리니 혈육을 가진 사람이 내게 어찌하리이까"

4) 악신이 떠납니다. (삼상16:23)"하나님께서 부리시는 악령이 사울에게 이를 때에 다윗이 수금을 들고 와서 손으로 탄즉 사울이 상쾌하여 낫고 악령이 그에게서 떠나더라" 상쾌함이란 병든 자에게는 없는 것입니다. 영육 간에 병든 사람은 악한 영의 역사로 말미암아 더욱 어두울 뿐입니다. 그러나 찬송은 우리의 육신과 어두운 심령에 상쾌함을 가져다줍니다.

5) 하나님의 도움을 받습니다. 여호사밧 왕은 백성들에게 "하나님 여호와를 신뢰하라 그리하면 견고히 서리라, 그의 선지자들을 신뢰하라 그리하면 형통하리라" 말하고 하나님을 찬송했습니다. 문제 앞에서 기도와 찬송을 하는 것은 하나님을 전적으로 신뢰하는 행동입니다. 기도 응답은 오랜 시간 기도할 때만 오는 것만은 아닙니다. 때로는 기도와 찬송을 시작하기만 해도, 기도 응답의 역사가 일어나는 경우가 있습니다.

(대하 20:22)"그 노래와 찬송이 시작될 때에 여호와께서 복병을 두어 유다를 치러 온 암몬 자손과 모압과 세일 산 주민들을 치게 하시므로 그들이 패하였으니"

6) 수치를 당하지 않습니다. 하나님의 심판을 경험한 이스라엘 백성들은 이제 하나님만을 찬송합니다. 찬송은 여호와 하나님의 긍휼을 얻게 합니다. 하나님의 긍휼로 말미암아 위로와 영적인 유익을 얻게 될 것입니다. 그리고 모든 평판을 회복하게 될 것입니다. (욜2:26)"너희는 먹되 풍족히 먹고 너희에게 놀라운 일을 행하신 너희 하나님 여호와의 이름을 찬송할 것이라 내 백성이 영원히 수치를 당하지 아니하리로다"

7) 회개의 역사가 일어납니다. 고난 중에 다윗은 하나님을 온전하게 의지했습니다. 하나님은 그의 진실한 기도를 들으시고 그를 구원해 주셨습니다. 그리고 그의 삶을 통해 환난과 고통당한 자들이 하나님 앞에 돌아왔습니다.

찬송이 그리스도인의 입술에 살아있을 때 하나님이 역사하십니다. 찬송을 통해 위기와 역경에서 구원되는 것을 보면 많은 사람들이 하나님 앞에 돌아오게 될 것입니다. 우리의 기도응답을 통해서 사람들이 살아계신 하나님께 영광을 돌리게 해야 합니다. (시40:3)"새 노래 곧 우리 하나님께 올릴 찬송을 내 입에 두셨으니 많은 사람이 보고 두려워하여 여호와를 의지하리로다"

둘째, 찬송하며 깊은 기도하는 방법입니다.

1) 반드시 성령으로 세례를 받아야 합니다. 성령의 충만 지배를 받는 기도를 합니다. 성령이여 임하소서. 성령이여 저를 사로잡으소서. 성령의 지배를 지각한 후에 쉽게 잘 부르는 찬송을 한절 만 계속해서 성령으로 깊이 몰입이 될 때까지 부르는 것입니다.

2) 자신이 있는 찬양을 영으로 합니다. 자신 있는 찬양 한절 만 집중적으로 부르는 것입니다

3) 영으로 마음 안에서 합니다. 방언 찬양을 해도 됩니다. 방언 찬양은 방언에 곡조만 붙이면 방언 찬양이 되는 것입니다.

4) 성령의 임재가 충만해지면 또 밖으로 소리 내어 찬양을 해도 무방합니다.

5) 찬양하는 소리에 몰입합니다. 의식이 없어지고 무의식에 잠기어 몽롱할 때까지 부릅니다. 의식을 가지고 하면 효과가 반감합니다. 영의 상태에 머물러서 불러야 심령에서 성령의 기름 부으심이 올라오게 됩니다.

6) 자신이 직접 찬양을 부르면서 성령의 불세례를 체험하려고 할 때는 이렇게 하시기를 바랍니다. 자신이 한 번이라도 성령의 체험이 있는 분은 이렇게 하시기를 바랍니다. 먼저 찬양을 앉아서 부릅니다. 마음이 열리고 성령의 임재가 어느 정도 되면 일어서서 찬양을 영으로 부릅니다. 자신이 제일 잘 부르는 영의 찬양을 지속적으로 부릅니다. 최대한 호흡을 들이쉬고 내쉬면서 찬양에 집중하

여 부릅니다. 주의해야 할 것은 이렇습니다. 찬송 중에 성령의 강한 임재로 뒤로 넘어질 수가 있습니다. 그러므로 의자 앞에서 부르는 것이 좋습니다. 계속 찬양에 집중하여 영으로 찬양을 부르면 마음속에서 불이 올라오는 것을 체험할 것입니다. 성령의 불의 역사로 얼굴이 화끈거리기도 합니다. 몸이 앞뒤로 흔들리기도 합니다. 때로는 좌우로 흔들리기도 합니다. 그래도 의식하지 말고 계속 찬양을 불러야 합니다. 소리가 나는 찬양을 부르다가 성령의 임재가 깊어지면 마음으로 찬양을 부릅니다. 그러면 눈에서 눈물이 나기도 합니다. 울음이 터지기도 합니다. 갑자기 방언 기도가 터져 나오기도 합니다. 그러면 성령이 인도하는 대로 따라서 계속 하면 됩니다. 차츰 성령의 임재가 깊어져서 서서 찬양을 할 수가 없을 정도가 됩니다. 그러면 살며시 의자에 앉아서 얼마 동안 찬양을 계속합니다. 그러면 온 몸이 불이 붙은 것같이 뜨거워집니다. 그러면서 방언이나 울음이 터지기도 합니다. 손이 떨리기도 합니다. 온 몸에 진동이 오기도 합니다. 이때에 주의 할 것은 절대로 두려워하지 말아야 합니다. 마귀는 어찌하든지 성령의 강한 체험을 못하도록 여러 가지 수단과 방법을 다 동원하여 방해하므로 미혹에 속아서는 안 됩니다. 성령이 역사하는 대로 계속 임재에 머물러 있어야 합니다. 그러면 말로 표현 못하는 성령의 뜨거운 불세례를 체험하게 될 것입니다. 이는 한 번이라도 성령의 체험이 있는 분이 사용하는 방법이라는 것을 아시기를 바랍니다. 한 번도 성령의 불세례의 체험을 하지 못한 분은 반드시 성령이 역사하는 장소에 가서 체험해야 합니다. 혼자로는 성령을 체험할 수가 없습니다.

셋째, 찬송 중에 마음 안에 들어가 성령의 불세례를 체험한 사례입니다. 저는 성령의 불세례를 체험하겠다는 사모함으로 충만한 교회 성령 집회에 참석했습니다. 성령 집회에 참석하여 성령의 불세례를 체험하겠다는 마음으로 강요셉 목사님이 하라는 대로 순종을 했습니다. 집회에 참석한지 이틀이 지난 때였습니다. 오후 시간 이었습니다. 강 목사님이 찬양을 인도하셨습니다. 마음을 열고 영으로 찬양을 불렀습니다. 찬양을 부르는 중에 마음속에서 뜨거운 기운이 올라오는 것을 느꼈습니다. 강요셉 목사님이 전하시는 영성과 성령에 관한 말씀을 들을 때 너무나 은혜를 받았습니다. 막 말씀 속에 내가 끌려 들어가는 체험을 했습니다. 말씀에 은혜를 받으니 마음이 열렸습니다. 강요셉 목사님이 말씀을 마치시고 찬양을 부르셨습니다. 앉아서 찬양을 불렀습니다. 내가 우리 교회에서 매일 부르던 찬송이기 때문에 부담감이 없이 따라서 불렀습니다. 그러자 눈에서 나도 모르게 눈물이 양 볼에 흘러 내려습니다. 가슴이 벌렁거리는 체험을 했습니다. 그러자 강 목사님이 이제는 일어서라고 하셨습니다. 일어서서 자신의 의자 앞에 서서 찬양을 하라고 했습니다. 그래서 일어서서 찬송을 불렀습니다. 찬송을 부르는데 몸을 가누지 못할 정도로 몸이 흔들렸습니다. 정말 생전 처음 그런 신비한 현상을 체험했습니다. 눈에서는 계속 눈물이 흘러서 양 볼에 흘러 내렸습니다. 그러면서 서러움이 속에서 올라왔습니다. 그래서 울음을 참지 못하고 터트렸습니다. 막 울었습니다. 몸은 가누지 못할 정도로 흔들렸습니다. 도저히 서서 찬송을 부르지 못할 지경에 이르렀습니다. 그래서 의자에 앉아서 찬송을 불렀습니다. 이제 몸에 진동이 오기 시작했습니다. 막 떨리는 것 이었습니다. 그러면서 방언이 터졌습니다. 방언을 하면서 진동이 더 강하게 일어났습니다. 의자에서 50cm 정도 뛰면서 기도를 했습니다. 그러다가 중심을 잃고 의자 아래로 떨어졌습니다. 그러자 강요셉 목사님이 오셔서 안수를 해주셨습니다. 안수를 하면서 더 강하게 역사하여 주시옵소서. 하고 기도하니까, 내 속에서 비명이 나왔습니다. 그러면서 몸이 뒤틀리기 시작했습니다. 정말 내가 감당할 수 없었습니다. 몸이 뒤틀리면서 속에서 괴성이 계속 나왔습니다. 그러니까 강 목사님은 성령님 더 강하게 역사하여 주시옵소서. 하시면서 안수를 하셨습니다. 그러자 내 다리가 머리 위로 올라오면서 발작을 했습니다. 자연히 그런 현상이 일어나니 내가 의자를 다 차고 다니면서 발작을 했습니다. 아마 그때 충만한 교회 일부 의자를 다 차고 다녔을 것입니다. 어느 정도 시간이 경과 되니 몸이 안정이 되는 것을 체험하게 되었습니다. 그러자 강 목사님이 지금까지 이렇게 진동하게 한 더러운 영은 기침으로 떠나갈지어다. 하며 명령을 하시는 것 이었습니다. 그러자 기침을 멈출 수가 없을 정도로 기침이 많이 나왔습니다. 한참 기침을 하고 나니 이제 속에서 방언이 나오는 것입니다. 제가 그때까지 하던 방언소리와 다른 방언이 터져 나왔습니다. 방언을 한참했습니다. 그러자 온몸이 뜨거워지는 것입니다. 내 몸이 불덩어리가 되는 것 같은 기분이 들었습니다. 너무 뜨거워서 성령님 너무 뜨겁습니다. 하며 소리를 질렀습니다. 한참을 그렇게 지내다가 잠잠해졌습니다.

그러나 몸은 여전히 뜨거운 것이었습니다. 그때 강 목사님이 저에게 이게 성령의 불세례라는 것입니다. 오늘에야 성령의 불세례를 받았습니다. 그러시는 것입니다. 그 때 저는 나름대로 생각하기를 방언 기도도 하기 때문에 성령세례를 받은 줄로 알고 있었습니다. 그래서 그때 내가 직관적으로 느낀 것은 성령의 불세례는 내가 느끼도록 임한다는 것을 알게 되었습니다. 그 이후로 말씀을 보면 너무나 꿀맛입니다. 기도가 저절로 되었습니다. 항상 입술에는 찬양이 넘치고 있습니다.

17장 방언 기도로 깊은 기도하며 마음 안에 보물 찾는 법

깊은 기도로 하나님께서 마음 안에 숨겨 두신 권능과 지혜와 보물을 찾아서 사용하려면 방언으로 기도하며 마음 안으로 들어가는 방법을 숙달해야 합니다. 방언기도는 놀라운 기도의 언어입니다. 바울은 어느 누구보다 방언을 많이 말함을 감사했습니다. 고린도전서 14장 18절에 "내가 너희 모든 사람보다 방언을 더 말하므로 하나님께 감사하노라" 바울 선생은 고린도 교인들이 다 합쳐서 하는 방언보다 더 많이 방언을 했다는 것입니다. 바울은 감옥에 들어가 있으면서도 방언 기도를 하고 여행하면서도 방언기도를 하고, 그리고 천막을 만들면서도 방언 기도를 했습니다. 우리가 아는 기도는 아는 말에 집중해야 되기 때문에 한꺼번에 두 가지 일을 할 수 없지만 방언 기도는 내 마음이 하지 않고, 내 영이 성령을 통해서 하기 때문에 설거지 하면서도 방언하고 걸어가면서도 방언하고 일하면서도 방언하고 언제든지 할 수 있습니다. 방언은 자동기계입니다. 내가 모르는 사이에 숨을 쉬고 내가 모르는 사이에 심장이 뛰는 것처럼 내가 모르는 사이에 방언으로 늘 기도하게 됩니다. 저는 밤에 자다가 깨어나면 혼자 방언을 하고 있는 것을 종종 발견합니다. 잘 때 아무것도 모르는데 혼자서 성령이 폭풍우처럼 불어와서 방언으로 기도를 하고 있습니다. 그렇디 않으면 하나님 사랑하빈다. 하면서 마음으로 기도를 합니다. 그러므로 방언 기도라는 것이 얼마나 우리가 신령하고 긴 기도를 할 수 있는데 도움이 되는지 말로 다 할 수 없습니다. 모두 방언 기도로 성령 충만과 깊은 영성을 유지 하시기를 바랍니다.

첫째, 방언 기도를 분별하는 방법입니다. 많은 성도들이 저에게 와서 자신의 방언이 진짜 방언인지 귀신 방언인지 분별하여 달라고 합니다. 필자가 군에 있을 때 군 교회에서 부흥회를 했는데 그때 성령 체험을 하고 방언 기도를 하기 시작을 했습니다. 말로 하는 기도보다 방언으로 기도하니 너무나 좋고 감사하고 영적인 체험도 하고 영성도 깊어지는 것 같았습니다. 그러다가 다른 부대로 발령이 나서 가게 되었습니다.

그런데 그곳에 방언 통역을 한다는 권사가 한 분 있었나 봅니다. 하루는 저와 가장 가까운 사람이 필자에게 당신이 하는 방언 기도는 귀신 방언이니 하지 말라는 것입니다. 그리고 새벽에 기도할 때마다 제 옆에서 감시를 하고 방언하는 소리를 들어보는 것입니다. 그래서 제가 방언으로 기도를 하지 못했습니다.

그런데 문제는 방언으로 새벽에 기도를 하지 못한 날은 몸이 천근만근이고 기분이 좋지 못하여 하루 종일 고생을 했다는 것입니다. 막 아랫배가 아프고 마음이 평안하지 못한 고통을 당했습니다. 방언으로 새벽에 기도하고 나면 발걸음이 가볍고 하루가 상쾌하고 즐겁게 잘 지내는데 방언으로 기도하지 못하는 날은 정말 힘이 들었습니다. 그때 제가 느낀 것인데 사람은 영적인 존재이기 때문에 영성이 활성화 되지 못하여 영적-정신적-육체적인 건강에도 지장이 있다는 것을 체험으로 알게 했습니다. 그런데 제가 목회자가 되고 영적인 일에 관심을 많이 갖고 불같은 성령으로 세례도 받고 성령의 불세례도 체험하고 나름대로 영성이 조금 깊어진 지금 생각하면 초등학교 1학년 수준인 영적인 지식을 가지고 저의 방언기도를 방해하여 영적 성장과 영적-정신적-육체적인 건강에 지대한 영향을 미치면 괴롭혔다는 것입니다. 저를 망하게 하려고 귀신이 그렇게 한 것입니다.

그래서 제가 방언 통역에 대하여 관심을 갖고 몰입하고 연구하기 시작한 것입니다. 그때 하도 고생을 해서 말입니다. 그런데 제가 성령치유 사역을 하다보니 교회에 방언 통역을 한다는 성도들로 하여금, 교회 성도들에게 상처를 주고, 피해가 막심하다는 것입니다. 몇 년 전 추석 집회할 때 어느 여전도사가 와서 저에게 이렇게 상담을 했습니다. 목사님 우리 교회 전도사 중에 나름대로 방언 통역을 한다는 여전도사가 있는데, 새벽 기도할 때 성도들의 방언 기도를 들어보고 나름대로 평가하여 담임 목사님에게 이야기 하면 목사님이 그 성도에게 방언 기도를 하지 못하게 한다는 것입니다. 그 피해자 중에 자기도 포함이 된다는 것입니다.

그래서 자기가 방언으로 기도를 못하니 가슴이 답답하여 미칠 지경이라 휴일을 택해서 치유 받으러 왔다는 것입니다. 그래서 말씀 듣고 은혜 받고 성령세례를 받고 내면을 치유 받고 제가 그 전도사의 방언을 들어보니 이상이 없는 성령으로 하는 영의 방언이었습니다. 그래서 이제 걱정하지 말고, 누구의 말에도 눌리지 말고 누가 무어라고 해도 방언으로 기도를 막 하라고 조언한 일이 있습니다. 필자가 성령 치유 사역을 오래 하다 보니 개척교회나 큰 교회나 할 것이 없이 목회자 분들이 영안이 열렸다, 방언 통역을 한다하는 성도들의 말을 잘 믿는 다는 것입니다. 분별해 보지도 않고 그 소리를 다 믿는 다는 것입니다. 좌우지간에 문제가 많습니다. 저의 임상적인 견해로는 방언을 어떤 소리로 하든지 상관할 필요가 없다는 것입니다. 방언은 계속적으로 바뀝니다. 방언을 하다가 불같은 성령으로 세례를 강하게 체험하고 영의 통로가 열리면 방언 기도가 달라지고 바른 방언 기도가 됩니다.

그러므로 방언 기도하는 것 들어보고, 귀신 방언인가 아닌가 판단하지 말고, 또 방언 통역을 할 것이 아니고, 목회자가 불같은 성령으로 세례를 받고 성령으로 충만하여 성령의 능력을 받아 성도들을 안수기도를 하면 성령의 강력한 역사에 의하여 잘못된 방언도 바른 영적인 성령의 인도를 받는 영의 방언으로 바뀌더라는 것입니다. 절대로 교회에서 자기 나름대로 방언 통역한다는 사람들의 영적 상태를 진단해 보아야 한다고 저는 강력하게 주장을 합니다.

왜냐하면 방언을 가장 듣기 싫어하는 것들이 귀신입니다. 귀신들은 방언하는 소리를 가장 듣기 싫어합니다. 그래서 귀신에게 눌렸던 성도들이 방언을 받으면 귀신들이 많이 축사 되는 것입니다. 특히 영으로 속으로 하는 방언에는 귀신들이 정말로 듣지 못하고 축사 됩니다. 그러므로 방언 통역한다고 들어보고 귀신 방언 한다고 못하게 하는 그 성도가 바로 귀신 방언을 하는 것입니다. 방언 기도를 어떻게 분별하느냐, 이것은 본인이 분별하는 것입니다. 본인이 방언 기도를 하고 나면 마음이 뜨겁고 성령의 충만함이 나타나면 영으로 하는 방언입니다. 그러나 방언 기도를 하면 할수록 심령이 갑갑하고 혈기가 많고 분노가 많고 영성에 변화가 없으면 잘못된 방언 기도입니다. 그래서 본인이 분별 가능한 것입니다. 이렇게 잘못된 방언을 하다가도 어느날 불같은 성령으로 세례를 받고 성령으로 충만하면 바른 방언으로 바뀌니까, 너무 성급하게 판단하여 낙심하거나 의기소침하면 영성에 해가 되니 참고하시기를 바랍니다.

그리고 방언 통역은 심령이 성령으로 장악되고 치유되어 영감이 풍성하고 영안이 열리면 다 할 수 있는 은사입니다. 필자는 방언 통역 은사가 있다고 다 된 것은 아니라고 생각합니다. 온몸이 하늘나라가 되고 심령에서 성령의 생수가 올라오는 성도가 되는 것이 더 문제입니다. 여러분 영적으로 성숙되지 않은 사람이 하는 말에 신경 쓰지 말고 방언으로 기도하세요. 때가 되어 성령으로 충만해지면 방언도 바뀝니다. 그리고 필자가 지금까지 방언으로 기도하면서 나름대로 체험한 자신의 방언 기도를 간단하게 분별하는 방법은 이렇습니다. 방언으로 기도했는데 마음이 평안해지고 성령으로 충만해지고 몸이 가벼워지고 날아갈 것 같은 기분이 든다면 바른 방언 기도입니다.

그러나 방언으로 기도를 했는데 기도한 것도 아닌 것 같고 가슴이 답답하고 평안함이 없고 몸이 무겁고 나른하다면 잘못된 방언으로 분별을 해보아야 합니다. 그러므로 방언 기도는 자신이 분별할 수가 있는 것입니다. 자신의 방언 기도를 자신이 분별할 수 있도록 분별력을 기르시고, 자신의 방언 기도를 분별해 보시기를 바랍니다.

둘째 방언 기도로 깊은 기도하는 방법입니다. 방언 기도는 성령의 불세례를 받은 다음에 나오는 것이 보통입니다. 그러나 제가 지금까지 성령치유 사역을 하면서 체험한 바로는 방언기도를 유창하게 해도 깊은 영의 기도에 들어가지 못하고 성령의 불세례를 체험하지 못한 분들이 있다는 것입니다. 이는 마음을 열고 영으로 기도하는 방법을 모르기 때문입니다. 호흡을 들이쉬면서 통변을 하고 내쉬면서 방언을 해야 합니다. 그런데 대부분 이렇게 하지 않고 목을 사용하여 열심히만 하려고 하기 때문에 방언 기도간 깊은 영의 기도에 들어가지 못하고 성령의 불을 받지 못하는 것입니다. 필자가 부흥 집회나 성령 치유 집회할 때 기도하는 방법을 설명하고 기도를 하게 하면 모두 깊은 영의 기도에 들어가고 성령의 불세례를 체험하더라는 것입니다.

그래서 방언 기도를 유창하게 해도 깊은 기도에 들어가지 못하고 성령의 불세례를 체험하지 못하는 것은 기도가 잘못되었기 때문입니다. 반드시 호흡을 들이쉬면서 통변하고 내쉬면서 방언 기도를 계속하게 되면 얼마 있지 않아 깊은 기도에 들어가고 성령의 불세례를 체험하게 됩니다. 만약에 당신이 방언 기도를 유창하게 해도 깊은 영의 기도에 들어가지 못하고 성령의 뜨거운 불세례를 체험하지 못했다면 당신의 기도가 잘못된 것입니다. 당신의 방언 기도의 방법을 제가 알려드린 대로 바꾸면 성령의 불세례를 체험하게 될 것입니다. 방언으로 기도하다가 깊은 기도에 들어가서 마음 안에 하나님께서 숨겨둔 보물을 찾아 사용하게 될 것입니다. 기도는 오래하는 것만 능사가 아니고 깊은 영의 상태에 잘 들어가야 잘하는 기도입니다.

셋째, 방언 기도하다 깊은 경지에 이른 체험 사례입니다. 마음으로 방언 기도하다가 신비를 체험하였습니다. 충만한 교회 성령 치유 집회에 참석한지 2주가 지났을 때의 체험입니다. 제가 충만한 교회 성령 치유 집회에 참석한 것은 신경성 위장병으로 10년 이상을 고생하며 지냈기 때문에 신경성 위장병을 치유 받으려고 집회에 참석한 것입니다. 한주가 지나고 두주가 되어 이제 마음속으로 방언 기도를 하던 때입니다. 충만한 교회 성령 치유 집회 때에는 매시간 40-50분 이상 기도 시간이 있습니다. 이때 강 목사님께서 개인별로 안수를 해주십니다. 첫 주에는 조금 생소했습니다. 점점 적응이 되면서 성령의 불이 임하는 체험을 했습니다. 무엇보다도 강 목사님이 성령을 체험하고 마음의 상처를 치유하는 기도에 대하여 자세하게 설명하여 주었습니다. 그래서 계속 기도를 하다 보니 이제 숙달이 되었습니다. 그날도 영의 말씀을 듣고 찬송을 부르고 기도를 시작했습니다. 그런데 이 날은 강 목사님이 소리를 내지 말고 마음속으로 방언 기도를 하라고 가르쳐 주었습니다. 그래서 순종하는 마음으로 호흡을 들이쉬고 내쉬면서 마음으로 방언 기도를 했습니다. 오로지 방언 기도에 몰입하여 마음으로 방언 기도를 했습니다. 그러자 환상이 보이는 것입니다. 하얀 옷을 입은 사람 3명이 저의 몸을 만져주면서 지금까지 위장병으로 고생을 많이 했구나 하면서 배를 만져주는 것입니다. 그러면서 앞으로는 위장병으로 다시는 고생하지 않을 것이라고 말하면서 건강한 몸으로 영혼을 전도하라고 하면서 배를 계속 만져주는 것입니다. 그런데 너무나 배가 시원해지는 것을 체험했습니다.

그러더니 갑자기 기침이 사정없이 나오는 것입니다. 그래서 기침을 한동안 했습니다. 기침을 하고 나니 더 배가 시원하여졌습니다. 배가 시원하여지더니 속에서 불이 올라오기 시작하는 것입니다. 너무나 뜨거운 불이 마음에서 올라와 저를 태우는 것입니다. 그러면서 몸이 가벼워지는 것입니다. 마치 솜털같이 가벼운 기분이 들었습니다. 너무나 황홀하고 신비스러워 계속 마음으로 방언 기도를 했습니다. 그러더니 이제 온몸을 마치 안마 하는 것같이 만져주었습니다.

그러면서 근육 통증이 사라졌습니다. 너무나 좋아서 성령님 계속하여 주세요. 라고 기도가 저절로 되었습니다. 그렇게 신비한 현상을 체험하다가 어느덧 기도 시간이 종료되었습니다. 집회가 끝

나고 강 목사님에게 현상을 이야기 했더니 성령께서 임재 하여 육체의 모든 부분을 치유한 것을 보증으로 보이게 보여주신 것이라고 했습니다. 그 후 저는 신경성 위장병과 근육통증이 완전하게 치유가 되었습니다. 지금 생각을 하면 너무나 신비스럽습니다. 또 그런 성령님의 임재를 체험하고 싶습니다. 좌우지간 치유하여 주신 성령하나님에게 감사와 영광을 돌립니다.

2)이번에는 필자가 방언기도 하다가 깊은 임재에 들어가 십자가에 달린 예수님을 만난 체험을 설명합니다. 필자는 원래 군대 장교였습니다. 군대를 천직으로 생각하면서 살았습니다. 그런데 그것이 마음대로 되지를 않았습니다. 워낙 강직하여 아부를 못하고 실력으로 군 생활을 하려니 그렇게 쉽지 않았습니다. 이제 군 생활을 접어야 할 시기에 도달한 것입니다. 지금 생각하면 성령 하나님의 역사였습니다. 그런데 주변에서 모두 목사가 되라는 것입니다. 심지어는 같이 근무하던 장교들도 목사가 되어야 한다는 것입니다. 저는 정말 머리가 돌 것만 같았습니다. 멀쩡한 사십이 넘은 사람에게 목사가 되어야 한다고 이 사람 저 사람이 하니 정말 돌아버릴 것 같았습니다. 제가 마음을 정하게 된 것은 어느 권사님이 하시는 말씀입니다. 권사님이 말씀하시기를 집사님 같은 분이 저 김해에 살고 계시는데요, 그분이 목사가 되어 하나님의 일을 하라는 하나님의 소명을 거역하다가 지금 병이 들었는데 그것도 간에 암이 걸려 3개월밖에 살지 못한다고 하니까 지금에야 목회를 하겠

다고 하는데 집사님 그분이 살아서 목회를 할 것 같습니까?

    자기가 아무리 기도를 해보아도 살지를 못한다는 것입니다. 집사님도 그런 경우를 맞이하지 마시고 손을 들고 하나님의 일을 하겠다고 작정하세요, 거부하다가 병들어 고통당하다가 죽는 것보다 나을 터이니까요? 그 이야기를 듣고 집에 돌아와 누워있어도 "귀에서 자꾸 병들어 죽지 말고 목사가 되어라. 병들어 죽지 말고 목사가 되어라. 병들어 죽지 말고 목사가 되어라." 그래서 일단 하기로 마음을 먹고 "다른 사람들의 소리를 듣고 내가 방향 전환을 나는 할 수가 없다. 내가 직접 하나님의 음성을 들어야 하겠다." 생각하고 금식을 하며 하나님의 음성을 듣기로 했습니다. 그러나 실상은 목사가 되기 싫은 것을 마찬가지 이었습니다. 그래서 기도원에 가서 하나님이 나에게 직접 징표나 음성으로 보여 주시면 목사가 되겠다고 금식하며 기도를 했는데, 저는 하나님의 소리를 듣지 않으려고 정신을 바짝 차리고 기도를 하는데 음성을 들릴 리가 만무하지 않습니까?

    동영상에 하나님의 음성을 듣는 방법을 설명한 것이 있습니다. 하나님의 음성을 들으려면 자신의 의지를 내려놓고 성령의 깊은 임재하에 들리는 것입니다. 계속 기도하다가 산에서 내려오는 날까지 필자의 목회 사명을 보여주시거나 말씀해 주시지 않아서 너무 기쁘고 황홀했습니다. 마음을 풀어버린 것입니다. 그러나 그 다음이 문제입니다. 아침에 집으로 가려고 준비를 하는 데 계속 방언 기도가 끊어지지 않고 나왔습니다.

차를 탈 때까지 계속 방언 기도가 나왔는데 "차를 타고 이제 하나님께서 저보고 목회하라는 음성을 듣지 못했으니 목사가 되지 않아도 되겠다." 할렐루야! 하고 기분이 좋아서 그만 마음을 놓고 방언 기도로 몰입되어 기도하다가 비몽사몽간에 환상이 보이기 시작하더니 그림이 많이 보이고 지나가고 했습니다. 마치 비행기를 타고 아래를 내려다 보는 것과 같이, 하늘 위에서 땅을 바라보면 보이는 것같이 여러 건물들과 산들 바다를 지나갔습니다. 그러다가 아무도 없는 건물에 들어가 강대상 앞에 서니 사람들이 금방 모여들었습니다. 꼭 2002년 월드컵을 응원할 때 시청 앞에 사람이 모이는 장면을 방송사에서 빨리 돌아가게 하는 것과 똑 같았습니다. 별별 사람들이 다 모여 있었습니다. 그리고 사람들이 다 차자 다른 지어진 교회 건물로 제가 들어갔습니다.

  거기서도 사람들이 막 모여들면서 금방 가득하게 찼습니다. 이제 또 다른 간물인데 이번에는 아주 큰 건물이라 전체를 한 번에 보여주지 않습니다. 한 군대 한 군대 나누어서 보여주시는데 마치 우리나라에서 가장 크다고 하는 ○○○기도원 성전과 같은 것을 보여 주시는데 사람들로 가득하게 찼습니다. 그리고 다시 걸어서 조그마한 산에 올라갔는데 올라가 보니 세 사람이 십자가에 달려 있었습니다. 그래서 제가 군복을 입고 지나가면서 어떤 분이 예수님 인가요 했더니 가운데 십자가에 달려 피를 흘리고 계시는 분이 내가 예수다 하며 손을 내밀며 말씀하셨습니다. 그분이 저에게 손을 내미시는데 손에 종이 말은 무엇을 저에게 주어 내가 막 받아들

였는데 옆에 같이 차에 계시던 분이 내릴 때가 되었다고 깨어서 준비하라고 해서 깨워서 깨어났습니다.

지금도 생각하면 정말 신비스럽습니다. 어떻게 십자가에 달린 주님과 이야기하고 나니 차에서 내릴 시간이 되었는가 말입니다. 이것은 도저히 사람의 이론으로는 해석이 안 됩니다. 그래서 성경을 보니 예수님이 십자가에 달릴 때 양편에 강도가 있었으니 세 사람이 맞습니다. 그래도 저는 집에 돌아가 사모에게 귀신들이 나를 목사 되게 하려고 헛것을 보여 주었다고 했습니다. 그러나 기도를 하면 할수록 정확하다는 감동이 오고 또 본건을 말하지 말고 입을 다물고 있으라고 감동을 주어 아무에게도 말을 하지 않고 있었습니다. 그러다가 2002년 8월경에 기도하니까 이제 말을 해도 된다는 감동이 와서 여기에 기록합니다. 저는 사면 초과에 걸려 방언으로 기도하다가 십자가에 달린 예수님을 만나 하나님의 사명을 깨닫고 목사가 되었습니다.

지금 성령 하나님의 인도하심을 받아 가며 25년을 성령으로 치유 사역을 하여 그동안 깨달은 영적인 보물을 동영상으로 제작하여 전파하고 있습니다. 제가 말씀드리고 싶은 것은 문제가 생겨서 사면 초과에 걸릴 지라도 신령하다는 사람을 찾아다니면서 물어서 해결하려고 하지 말라는 것입니다. 직접 기도하여 하나님의 뜻을 구해서 응답을 받아야 하나님과 관계가 열려서 늙도록 하나님께 쓰임을 받을 수가 있습니다.

18장 깊은 기도로 마음 안에서 보물을 찾는 기도 총정리

하나님께서 사람의 마음 안에 보물을 숨겨두셨다고 했습니다. 사람이 자기 스스로 마음 속에 들어갈 수가 없습니다. 이유는 마음 안에 하나님께서 계시기 때문입니다. 마음 안에 들어가 하나님을 만나서 보물을 찾아 사용하려면 반드시 예수님을 믿고 죽고 다시 사신 예수님으로 태어나 성령으로 세례를 받고 성령 충만을 받으며 예수님의 인생을 살면서 성령의 인도를 받아야 마음 안에 들어가 하나님을 만나 하나님으로부터 보물을 찾아내고 받을 수가 있습니다.

우리는 기도를 바르게 알아야 합니다. 기도는 하나님과 사귀는 것입니다. 하나님과 가까이 하는 것입니다. 하나님과 함께 시간을 보내는 적극적인 행위입니다. 하나님과 사랑을 나누는 시간입니다. 하나님께 사랑을 고백하고 감사하는 시간입니다. 우리의 삶에서 가장 깨어있는 시간, 하나님의 소리를 듣는 시간입니다. 자신의 온몸을 치료하는 시간입니다.

기도는 하나님을 찾으면서 자신 안에 주인으로 계시는 하나님께 집중하는 것입니다. 기도는 자신 안에 계신 하나님께 기도하여 자신이 하나님의 입장이 되어 하나님의 길을 제대로 따라가고 있는지, 바르게 가고 있는지, 돌아가고 있는지를 보는 것입니다. 그리고 자신 앞에 있는 문제를 하나님께 기도하여 하나님의 해결 방법을 알아내는 것입니다. 그리고 알려주신 해결 방법대로 순종하기 위해서 기도하는 것입니다. 기도는 하나님께 무엇을 얻어내려고 하는 것이 절대로 아닙니다. 자신의 상처를 치유하고, 성령으로 충만하며, 하나님과 대화하기 위하여 기도하는 것입니다. 지친 영혼의 쉼을 얻기 위하여 기도하는 것입니다. 기도는 영적-정신적-육체가 쉼을 얻는 시간이라고 생각하며 성령으로 해야 합니다. 이 중요한 기도가 잘못되면 먼저 영혼이 만족을 누리지 못하는 것입니다. 다음은 이성이 만족을 누리지 못하니 정신이 안정되지 못하고 산란한 것입니다. 더 진전이 되면 육체의 질병으로 발생합니다. 따라서 예수를 믿으면서도 세상 사람들과 똑 같은 영육간의 고통을 당하고 사는 것입니다. 그러면서 하는 말이 예수 믿어도 소용이 없다고 불평합니다. 예수를 믿는 성도가 하는 기도는 세상 사람들이 하는 기도와 다릅니다. 자신이 매일 철야 하며 새벽기도를 해도 영육이 변화되지 않고, 환경이 어려운 것은 세상적인 기도 육적인 기도를 하기 때문입니다. 그러기 때문에 마음 안에 들어가려면 반드시 통과해야 할 관문이 있습니다.

첫째, 먼저 통과 해야 할 관문은 이 것입니다.

1)예수님을 주인으로 영접해야 합니다. 예수님을 믿으면서 죽고 다시 살아나신 예수님으로 태어나 성령의 인도를 받으면서 예수님의 인생을 살아야 합니다.

2)성령으로 세례를 받아야 합니다. 성령으로 세례를 받아야 성

령께서 명상 가운데 마음 안으로 들어가도록 인도하십니다. 성령으로 세례를 받으려면 성령으로 세례를 받고 목회하는 목회자에게 가셔야 합니다.

3)내적 치유를 해야 합니다. 내면이 정리 정화되지 않으면 깊은 기도로 마음 안에 들어갈 수가 없습니다.

4)귀신을 쫓아내야 합니다. 귀신이 깊은 기도를 하지 못하도록 지극정성으로 악착같이 방하기 때문입니다. 성령으로 세례를 받고 성령의 충만을 받으면서 내적 치유를 하기 시작하면 귀신을 자동으로 떠나갑니다.

5)오래 기도를 할 수 있는 훈련을 해야 합니다, 오래 기도하지 못하면 깊은 기도하며 마음 안으로 들어갈 수가 없습니다. 무조건 기도를 오래 하는 것만이 등사가 아니고. 영적인 상태, 뇌파로는 세타파에 들어가는 기도가 되어야 합니다.

둘째, 생활에서 깊은 기도가 되도록 숙달해야 합니다.

1) 예배를 드릴 때 마음으로 깊은 기도하는 것은 예배 시작 십분 전에 교회에 와서 기도하는 것입니다. 먼저 침묵 기도로 외적인 침묵과 내적인 침묵을 유지하는 것입니다. 성령의 임재가 되어 영적인 상태가 되면 한 주 동안의 삶을 뒤돌아보고 생각하면서 묵상기도를 하는 것입니다. 묵상기도는 한 주 동안의 삶을 영상으로 보면서 영으로 기도하는 것을 말합니다. 잘못된 것은 회개하는 것입니다. 성령의 임재를 충만하게 유지 하는 것입니다. 성령으로 충만한

상태에서 순서를 맡은 목사님의 인도에 따라 예배를 드립니다. 예배를 드리는 중에도 호흡하며 마음으로 기도하는 것을 멈추지 않습니다. 성령의 임재를 이탈하지 않는 것입니다. 찬송과 성경 말씀을 읽는 중에도 성령의 임재를 이탈하지 않는 것입니다. 설교 말씀을 들을 때도 호흡을 들이쉬고 내쉬면서 말씀을 듣는 것입니다. 절대로 인간적인 생각을 하면 안 됩니다. 예배를 드리는 중에 감정을 영적으로 안정하게 유지 하라는 것입니다. 이것이 바로 "하나님은 영이시니 예배하는 자가 영과 진리로 예배할지니라." 를 실천하는 것입니다. 영이신 하나님에게 영으로 예배를 드리는 것입니다. 저는 이렇게 함으로 성령의 불을 온몸에 충만하게 유지 합니다. 이런 영적인 상태에서 하나님의 레마가 들리는 것입니다. 무엇보다도 성령의 임재를 이탈하지 않는 것이 중요합니다. 내 안에 계신 성령님에게 집중하는 것입니다.

 2)가정에서 마음으로 깊은 기도하며 성령의 불로 충만하게 지내는 비결은 이렇습니다. 저는 항상 마음으로 기도를 합니다. 호흡을 들이쉬고 내쉬면서 마음으로 성령님을 찾는 것입니다. 저는 수많은 세월 동안 이 기도를 숙달해 왔습니다. 하나님과 친밀하게 지내지 않으면 죽는 다는 생각을 가지고 하나님을 주인으로 모시고 하나님을 찾았습니다. 거의 항상 습관적으로 기도를 합니다. 성령의 임재를 유지하면서 지내는 것입니다. 감정이 안정된 상태에서 지내야 합니다. 절대로 밖에서 무슨 일이 일어나더라도 거기에 반응하지 않습니다. 성령의 임재를 이탈하면 육성이 되는 것입니다.

성도는 영과 육의 상태를 구분할 줄 알아야 합니다. 기본이 영의 상태와 육의 상태를 구분하는 것입니다. 영의 상태와 육의 상태를 구분 못하면 성도라고 할 수가 없습니다. 식구들과 대화를 하더라도 성령의 임재를 이탈하지 않은 상태에서 대화하도록 하는 것입니다. 중요한 것은 성령의 임재를 유지하는 마음의 기도를 하는 것입니다. 이는 평소 훈련을 통하여 숙달해야 합니다. 이렇게 성령의 불로 충만한 상태로 가정생활을 하면 가정이 성령으로 충만해지는 것입니다. 성령의 불로 충만해지니 가정에서 역사하던 악귀들이 떠나갑니다. 대신 천사가 둘러 진을 치게 됩니다.

자연스럽게 가정이 평안 해지고 영육의 축복을 받는 것을 식구들이 느끼게 됩니다. 전적으로 가계가 축복받는 것은 성령의 불로 충만하게 지내느냐, 아니냐에 달려 있는 것입니다. 가정과 가계가 축복을 받으려면 성령의 불로 충만하게 지내려고 의지적인 노력을 해야 합니다. 하루 이틀 만에 해결되지 않고 상당한 기간 동안 의지적인 노력을 해야 합니다.

3)말씀을 듣거나 책을 읽거나 마음으로 호흡하며 깊은 기도하며 성령의 불로 충만 받는 법은 이렇습니다. 마음 안에 들어가 보물을 찾는 다고 했습니다. 어떻게 합니까? 답은 간단합니다. 마음 안에 계신 성령님을 찾는 것입니다. 설교나 강의를 들으면서 마음으로 성령님을 계속적으로 찾는 것입니다. 호흡을 들이쉬고 내쉬면서 마음으로 성령님을 찾는 것입니다. 아니 마음으로 성령님을 생각하는 것입니다. 책을 읽을 때도 호흡을 들이쉬고 내쉬면서 책

을 읽는 것입니다. 계속 마음으로 성령님을 찾으니 성령의 불로 충만하게 되는 것입니다. 계속 성령님을 찾다가 보면 성령의 불이 마음에서 올라오는 것입니다. 습관이 중요합니다. 하나님을 찾는 습관을 들여야 합니다. 신령한 그리스도인은 무시로 하나님을 찾는 성도입니다. 무시로 하나님을 마음으로 찾으니 영이신 하나님으로 온몸이 채워지는 것입니다. 너무 어렵게 생각할 필요가 없습니다. 그저 호흡을 들이쉬고 내쉬면서 성령 하나님을 찾으면 됩니다.

　마음으로 계속 성령 하나님을 찾으니 영이신 하나님으로 채워지는 것입니다. 한 번 실천하여 보세요. 금방 당신의 마음 안에서 성령의 불이 올라오는 것을 느끼게 될 것입니다. 가만히 앉아서 하나님이 해주시기만을 기다리면 110년이 지나도 성령의 불이 심령에서 올라오지 않습니다. 그러면서 안 된다고 불평하거나 포기 하지 마시고, 적극적으로 하나님을 찾으시기를 바랍니다. 하나님은 사모하는 영혼에게 만족함을 주십니다. 하나님을 찾고 찾아보시기를 바랍니다. 반드시 당신의 심령에서 불이 올라오는 것을 느낄 날이 오고야 말 것입니다.

　4)길을 가면서 깊은 기도하며 성령의 불로 충만 받는 법입니다. 저는 보통 하루에 한 시간 이상을 워킹을 합니다. 길을 걸어가면서 지속적으로 하나님을 찾습니다. 호흡을 들이쉬고 내쉬면서 하나님을 찾습니다. 이렇게 하다가 보면 마음이 편안합니다. 걸어가는 장소가 혼탁하면 성령께서 기도를 더 강하게 하도록 인도합니다. 계속 기도하여 영의 상태가 되니 성령께서 저를 인도하는 것입니

다. 느긋한 마음을 가지고 지속하는 것이 주요합니다.

　길을 가다가 차 소리나 기타 등등으로 깜작 놀랄 경우가 있습니다. 저의 경험으로 보아 이런 일이 있은 후 며칠이 지나면 가슴이 답답해지고 기도가 잘 되지 않는 경우가 있었습니다. 이는 놀랄 때 악한 영이 침입을 한 것입니다. 이를 예방하기 위하여 이렇게 하세요. 호흡을 깊게 들이쉬고 내쉬면서 성령의 임재가 충만해지면 마음으로 명령을 하세요. "내가 놀랄 때 들어온 악한 영은 예수 이름으로 명하노니 떠나갈지어다." "내가 놀랄 때 들어온 악한 영은 예수 이름으로 명하노니 떠나갈지어다." 이렇게 기도하여 마음에 평안이 찾아오면 떠나간 것입니다.

　5) 사람들과 대화하면서 마음으로 깊은 기도하며 성령의 불로 충만 받는 법입니다. 세상에 나가 세상 사람들과 대화를 하다가 보면 나도 모르는 사이에 세상 것들이 들어올 수가 있습니다. 이는 우리가 육을 가지고 있기 때문입니다. 대화를 하면서 마음으로 기도를 해야 합니다. 마음으로 호흡을 들이쉬고 내쉬면서 성령의 충만함을 유지하는 것입니다. 마음으로 호흡을 하면서 기도하면 성령의 불로 충만하게 됩니다. 이렇게 하면 어느 정도 나쁜 영의 침입을 막을 수가 있습니다. 대화 후에도 깊은 호흡이나 명상 기도로 성령의 충만함을 받아서 영을 강화하여, 나도 모르게 들어온 세상 것들을 정리하는 것입니다. 우리가 세상 사람들과 대화를 하다가 보면 머리가 무겁고 속이 거북스러울 때가 있습니다. 이는 세상 것이 나에게 들어온 것을 나의 영이 알아차린 것입니다. 이를 그대로

두면 나에게 집을 짓게 되고 나의 영은 점점 무디어지게 됩니다. 성령의 임재 하에 세상 것들을 몰아내고 영을 맑게 정화해야 합니다. 이는 습관이 되어야 합니다. 악한 귀신이 침입하여 자신 안에 집을 짓기 전에 풀어내는 것이 중요합니다.

 6)일을 하면서 마음으로 깊은 기도하며 성령의 불로 충만 받는 법입니다. 일을 하면서 마음으로 기도하며 일을 즐겁게 하세요. 성도는 일을 즐기면서 해야 합니다. 얼마나 좋습니까? 일을 할 수 있는 직장을 주시고, 건강을 주셨으니 얼마나 감사할 일입니까? 일을 하면서 호흡을 들이쉬고 내쉬면서 마음으로 기도하세요. 하나님 감사합니다. 일을 할 수 있도록 해주시니 감사합니다. 자꾸 하나님에게 감사기도를 하는 것입니다. 이렇게 마음으로 기도를 하다가 보면 마음에서 성령의 불이 올라오는 것을 느낄 것입니다. 성령으로 충만해지니 피로가 오지 않습니다. 심령에서 불이 올라오니 악한 귀신이 침입하지 못하는 것입니다. 마음으로 하나님에게 감사하다 생각하면서 마음으로 기도를 해보세요. 심령에서 성령의 불이 올라오는 것을 느낄 것입니다. 이러한 충만한 상태가 되면 마음이 평안하게 됩니다. 일을 하면서 스트레스를 받지 않게 됩니다. 간강을 유지하여 번아웃에 걸리지 않습니다.

 7)직장에서 마음으로 깊은 기도하며 성령 충만하게 지내는 비결입니다. 직장에서 일을 하면서 마음으로 기도하는 것을 숙달해 보세요. 당신은 성령의 역사로 지혜로운 사원이 될 것입니다. 상처와 스트레스가 마음 안에 쌓이지 않을 것입니다. 성과를 내는 직장

인이 될 것입니다. 윗사람에게 인정받고 아랫사람에게 존경받는 직장인이 될 것입니다. 기도는 이렇게 하면 됩니다. 호흡을 들이쉬고 내쉬면서 마음으로 하나님을 찾는 것입니다. 하나님! 도와주세요. 하나님! 사랑합니다. 지속적으로 해서 습관이 되게 해야 합니다. 무의식적으로 하나님을 찾을 때까지 훈련해야 합니다. 당신은 성령의 불의 역사로 스트레스를 받지 아니하고, 피곤하지 않은 직장 생활을 하게 될 것입니다. 직장 일을 즐기세요. 마음으로 기도하면 성령이 충만하게 됨으로 일이 힘들지 않고 지치지 않고 지혜롭게 하며 즐길 수가 있습니다. 마음으로 기도하세요. 하나님! 도와주세요. 하나님! 사랑합니다. 지속적으로 하다가 보면 당신의 얼굴에서 광채가 나는 것을 다른 사람들이 보게 될 것입니다.

8)열차 속에서 마음으로 깊은 기도하며 성령의 불로 충만 받는 법입니다. 저는 차를 타든지, 걸어가든지, 항상 마음으로 기도합니다. 차를 타고 지방에 가는 경우가 있습니다. 시간이 세 시간 이상 걸리는 경우도 있습니다. 그 시간동안 기도하면서 가는 것입니다. 호흡을 들이 쉬고 내 쉬면서 예수님을 부르는 것입니다. 어려울 것이 없습니다. 자연스럽게 성령의 불로 충만하게 되는 것입니다. 목적지에 가서 집회를 한다든지, 안수를 한다든지, 하면 정말 말로 표현할 수 없는 성령의 역사가 일어납니다. 기도는 이렇게 합니다. 호흡을 들이쉬고 내쉬면서 마음으로 기도를 하는 것입니다. 기도 하기를 시작하여 시간이 지나면 성령의 불이 심령에서 올라오는 것을 몸으로 느끼게 됩니다. 이렇게 성령의 불로 충만하니 말씀을

전하고, 안수 기도할 때 성령의 강한 역사가 나타나는 것입니다.

9)유튜브나 TV를 보면서 마음으로 깊은 기도하며 성령의 불로 충만 받는 법입니다. 유튜브를 TV를 시청하면서 이렇게 마음으로 기도를 합니다. 눈으로 보고 머리로 판단을 하면서 마음으로 기도를 합니다. 호흡을 들이쉬고 내쉬면서 하나님! 사랑합니다. 하나님! 도와주세요. 호흡을 깊게 들이쉬면서 하나님! 내쉬면서 사랑합니다. 이렇게 마음으로 기도하면서 유튜브나 TV를 시청하는 것입니다. 당신도 한번 당장 실천 해보세요. 마음이 평안하고 성령의 불로 얼굴이 화끈거리면서 성령의 임재를 몸으로 느낄 것입니다.

무엇보다도 성령의 충만함을 유지하려는 의지가 중요합니다. 마음으로 조금 기도하다가 유튜브나 TV시청에 정신을 놓으면 절대로 안 됩니다. 주체는 유튜브나 TV 시청이 아니고, 마음으로 기도하는 것이라는 것을 명심해야 합니다. 경각심을 가지고 지속적으로 해보세요. 자꾸 하다가 보면 습관이 되어 좋습니다. 기도하는 습관으로 바뀌게 됩니다. 이렇게 되면 당신의 영성은 자꾸 깊어질 것입니다. 강한 권능의 사람이 될 것입니다. 성령의 불로 충만한 자신을 몸으로 느끼게 될 것입니다. 차츰 성격도 유순하게 변할 것입니다.

셋째, 마음으로 깊은 기도하며 주의할 사항입니다. 마음으로 기도할 때는 호흡을 깊게 하면서 자꾸 성령님을 찾으세요. 단조롭게 성령님을 부르세요. 도움을 요청하세요. 감사와 사랑을 고백하세요. 그러면서 가만히 있으세요. 마음속에 성령님을 느끼세요. 호흡이 약간 빨라집니다. 긴장이 풀리면서 눈까풀이 떨거나 표정이 평안하게 됩니다. 불이 심령에서 올라오고, 약간 몽롱한 상태, 그러나 마음이 부풀어 오르는 것 같은 상태를 느낄 수 있게 됩니다. 포근함, 안락함, 짐을 내려놓은 느낌을 가지게 됩니다. 그러면서 계속 성령님을 찾으세요. "성령님~ 성령님~ 한다거나" "성령님, 사랑합니다"하고 자꾸 성령님을 부르세요. 그러면서 시간의 개념으로부터 분리되려고 해야 합니다. 차츰 외부적인 감각이 꺼지면서 내면의 활동이 강하게 됩니다. 그 자체가 이미 기쁨이 넘치며 많은 은혜가 임하게 됩니다. 마음으로 하는 깊은 기도는 우리에게 신비한 체험을 하게 합니다. 날마다 성령으로 깊은 기도를 하여 신비한 체험을 하고 간증하는 모두가 되시기를 바랍니다. 주의해야 할 것은 무슨 현상에 마음을 빼앗기지 말고 오로지 마음 안에 계신 성령님께 집중하고 몰입하고 성령님만 찾는 것입니다. 기도는 오래 하는 것만이 능사가 아니라 마음 안에 주님과 만나는 주님과 같은 영적인 상태에 들어가는 것이 중요합니다. 쉽게 쉽게 영적인 상태에 들어간다면 온몸이 성령께서 장악하신 치유된 상태입니다. 성령의 이끌림으로 영의 상태에 들어가야 뇌파로는 세타파에 들어가야 그곳에서 하나님께서 숨겨두신 보물을 찾아 사용할 수가 있는 것입니다. 중요한 것은 영의 상태에 들어가면 몽롱해지면서 졸릴 때 일어나는 현상이 나타날 수가 있습니다. 절대로 졸지 않으려고 하지 말고 숨을 들이쉬고 내쉬면서 성령님만 찾는 것입니다. 그러면 자는 것도 아니고 깨어있는 것도 아닌 영의 상태가 됩니다. 이때 영적 정신적 육체가 치유되면서 하나님의 나라가 되는 것입니다. 하나님의 나라가 되어야 영적-정신적-육체가 건강합니다.

그러나 초기에는 졸음이 오게 마련입니다. 이때도 느긋하게 호흡을 계속하세요. 자신의 내면을 성령님이 치유하십니다. 점점 치유가 되면 졸리는 현상이 없어집니다. 느긋해야 합니다.

지금까지 살펴보았듯이 깊은 기도로 마음 속의 보물을 찾는 기도는 하나님과의 관계를 깊게 하는 기도로, 대화를 넘어 친교로, 능동적 기도에서 수동적이고 수용적인 기도로 옮아가게 합니다. 우리는 단지 하나님께서 현존하시는 골방인 우리 내면의 깊은 곳, 마음으로 자신을 온전히 열어드리고 내어드리며 '제가 여기 있나이다.'하고 주님을 기다리면서 하나님 현존과 활동하심에 동의한다는 '원래의 지향'을 유지하는 것 이외에 아무것도 하지 않습니다. 그러나 우리는 아무것도 하지 않지만, 우리 안에 현존하시는 하나님께서는 엄청난 일을 하고 계신 것입니다. 바로 당신의 사랑으로, 성령으로 우리를 영적으로 충만하게 충전시켜 주시면서, 우리가 그분과 깊고 친밀한 관계를 맺는 데 방해가 되는 모든 장애물들, 즉 우리 안에 있는 모든 상처와 아픔과 어둠을 정화시켜 우리를 성령으로 변형시켜 주십니다. 지속적으로 해야 합니다. 지속적으로 하다가 보면 자신도 모르게 권능이 강해지고 기도할 때 쉽게 영의 상태에 들어가고 성품이 예수님의 성품으로 유순하게 변하는 것을 체험하게 됩니다.

부록: 출판된 강요셉 목사 저서 안내

저자 강요셉 목사가 지난 25년간 출간한 성령, 내면세계, 영적 사역에 대한 저서는 이렇습니다.

1. 신유은사역의 달인이 되자(성령)
2. 기독교인의 인생문제 치유하기 1.2권(성령)
3. 영의통로가 뚫려야 성공한다(성령)
4. 가계가 축복 받는 선포기도문(성령)
5. 하나님의 음성을 쉽게 듣는 비결(성령)
6. 내적 상처를 스스로 치유하는 기도문(성령)
7. 성령의 은사와 사명 감당(성령)
8. 가계의 고통을 끊고 축복받는 비결(성령)
9. 기적치유(성령)
10. 하나님의 복을 전이 받는 법(성령)
11. 깊은 영의기도 숙달하는 비결(성령)
12. 불같은 성령의 기름 부으심(성령)
13. 형통의 복을 받는 법(성령)
14. 말의 권세를 사용하라(성령)
15. 성령의 불로 충만받는 법(성령)
16. 보혈의 권능을 사용하는 법(성령)

17. 영안을 밝게 여는 비결(성령)
18. 성령의 불로 불세례 받는 법(성령)
19. 귀신 축사 차원 높게 하는 법(성령)
20. 영적인 궁금증과 명쾌한 답변(성령)
21. 내적치유 쉽게 하는 법(성령)
22. 신령함과 권능을 개발하는 법(성령)
23. 영적인 눈이 열리는 신비한 비밀(성령)
24. 교회개척 100명 이상 성장하는 법(성령)
25. 예수 이름의 권능을 사용하는 법(성령)
26. 기도 쉽게 바르게 하는 방법(성령)
27. 강력한 성령 치유 핵심요약(성령)
28. 자녀들을 성공시키는 하나님(성령)
29. 우울증 정신 질병 치유 비밀(성령)
30. 방언기도의 오묘한 신비(성령)
31. 구원을 누리며 사는 비밀(성령)
32. 영들을 보는 눈을 개발하라(성령)
33. 대적기도로 문제 해결하는 비밀(성령)
34. 예수님이 만사 형통이신 이유(성령)
35. 현실 문제를 하나님께 해결 받으려면(성령)
36. 강력한 능력을 이끌어내는 영적 비밀(성령)
37. 예언은사가 열리는 비결(성령)

38. 영의 눈이 열리는 영성 개발(성령)
39. 영혼이 만족해야 성공한다(성령)
40. 영안열리면 귀신들이 보이나요(성령)
41. 천국을 눈으로 보며 누리는 비밀(성령)
42. 교회개척 이렇게 자립해요(성령)
43. 가계저주와 영원히 이별하는 길(성령)
44. 기적의 하나님과 동행하는 법(성령)
45. 살아계신 하나님을 증명하라(성령)
46. 백세시대 예수 안에서 장수하는 법(성령)
47. 카리스마로 영적 세계를 장악하는 법(성령)
48. 귀신축사 속전속결(성령)
49. 카리스마 극대화와 탈진극복(성령)
50. 방언기도로 분출되는 카리스마(성령)
51. 결혼 어떡하면 행복할까요(성령)
52. 신유 은사와 고질병 순간 치유(성령)
53. 부흥하는 대중목욕탕 같은 교회(성령)
54. 응답받는 기도 습관 20가지(성령)
55. 자신 안을 능력으로 채우는 법(성령)
56. 예수 믿어도 건강치 못한 원인과 치유(성령)
57. 내적치유 축귀 능력 받는 비결(성령)
58. 천국은 언제 가는 곳일까요(성령)

59. 몸속 독소 배출하면 천국된다(성령)
60. 영혼건강 상태 정밀 검진하는 법(성령)
61. 우울증 순간 치유(성령)
62. 부자 되는 법 예수 안에서(성령)
63. 기도하며 귀신 쫓고 치유 받는 법(성령)
64. 성령의 불 받는 법(성령)
65. 영적피해 방지하기(성령)
66. 안수기도의 희한한 능력(성령)
67. 영의사람 육의사람 구별하는 법(성령)
68. 귀신들을 쫓아내는 군사 되기(성령)
69. 영적지도자 사모하면 될 수 있다(성령)
70. 죽음이후 세계를 준비하는 법(성령)
71. 하나님과 기도하며 대화하기(성령)
72. 가계가 축복받는 선포기도(성령)
73. 행복이란 무엇일까?(성령)
74. 치매예방 건강 장수하는 비결(성령)
75. 영안 열림의 혼동과 구별하는 법(성령)
76. 성령의 불세례에 숨은 비밀(성령)
77. 하나님의 집 성전이 되는 비밀(성령)
78. 방언기도에 숨은 권능(성령)
79. 겨자씨만한 믿음이 산을 옮긴다(성령)

80.꿈 환상을 말씀으로 해석하기(성령)
81.코로나19 시대의 신앙생활(성령)
82.마음상처 투시와 완전치유(성령)
83.불치질병 이리하면 완치된다(성령)
84.성령으로 온몸기도 하는 법(성령)
85.홀로서기 예수님과 동행하며(성령)
86.성령의 불 받을 때 느낌 체험(성령)
87.기도 쉽게 바르게 하는 방법(성령)
88.물질축복 받는 비결(성령)
89.보물을 어떤 곳에 쌓을까요?(성령)
90.정신질환 불치병이 아닙니다.(성령)
91.자기관리 잘하는 법(성령)
92.혼자서도 잘사는 법(성령)
93.돈 질버는 잠재력을 깨우는 법(성령)
94.약한자를 사랑하시는 예수님(성령)
95.성령으로 기도하는 법(성령)
96.꼬인 인생을 푸시려면 이리해보세요(성령)
97.귀신축사 알고 보니 쉽게 되네(성령)
98.신의 세계를 보고 하나 되야 신답게 산다.(성령)
99.깊은기도로 마음 안에서 보물을 찾는 법(성령)

이 책을 통해 예수님이 땅끝까지 전파 되기를 소원합니다.
(출판으로 인한 이익금은 문서선교와 개척교회 선교에 사용합니다.)

깊은 기도로 마음 안에서 보물 찾는 법

발 행 일 l 2025. 9. 05초판 1쇄 발행

지 은 이 l 강요셉

펴 낸 이 l 강무신

편집담당 l 강무신

디 자 인 l 강요셉

교정담당 l 강무신

펴 낸 곳 l 도서출판 성령

신고번호 l 제22-3134호(2007.5.25)

등록번호 l 114-90-70539

주   소 l 서울 서초구 방배천로 2길 53(방배동)

전   화 l 02)3474-0675/ 3472-0191

E-mail l kangms113@hanmail.net

유   통 l 하늘유통. 031)947-7777

ISBN l 979-11-94999-00-3 부가기호 l 03230

가   격 l 14,000원

이 책의 내용은 저자의 저작물로 복제,복사가 불가합니다.
복제와 복사시 관련법에 의해 처벌을 받게 됩니다.